የመንደርደሪያ ቃላት

የእጅ ጽሕፈትና ንባብ መማሪያ

Amharic Ethiopian Script
Book Two
Learn writing and Reading
Laqech Two

Printed in USA

Ordering Information:

For orders and inquiries, please contact:
1-888-404-1388
www.goldtouchpress.com
book.orders@goldtouchpress.com

Printed in the United States of America

ኢትዮጵያ የቃል ኪዳን ምድር/Ethiopia- The Promised Land

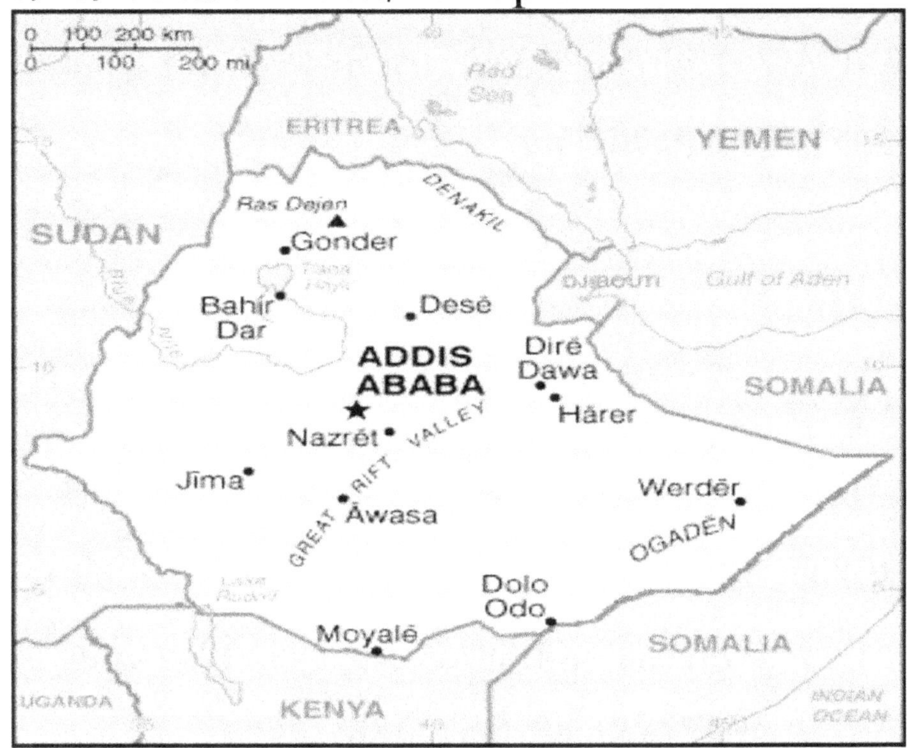

Despite its rich legacy of language and culture, Ethiopia, Africa's oldest independent nation, remains essentially hidden to the world. Hopefully by offering useful tools and materials to teach Amharic (Ethiopia's language), culture and traditions; they will become fresh and vital for learners of all ages and walks of life.

Amharic Ethiopian Script Book Two is designed to reconnect you or your children with your native culture, or family who have raised adopted Ethiopian children as their own, or an admirer of the language, culture, music --this is your starting point!

<u>መግቢያ</u>

ኢትዮጵያ በዓለም ጥንታዊ ከሚባሉት ሀገሮች ምሃል አንዷ ናት ቋንቋዋም የሚታወቀው ሰሜቲክ በመባል ነው ::

እነሱም

1. አረሜክ

2. አካዲያን

3. አረብኛ

4. ዕብርያስት

ሲሆኑ በቀጥታም ሆነ በተዘዋዋሪ ከአማርኛ ጋር ተመሳሳይነት አለው። አማርኛ ከነኚህ ቋንቋዎች ልዩ የሚያደርገው ቢኖር አጸጻፉ ነው።
ይኸውም አማርኛ የሚጻፈው ከግራ ወደ ቀኝ ሲሆን

1/ አረብኛ

2/ አረሜክ

3/ አኬዲያን

4/ ዕብራይስት

የሚጻፉት ከቀኝ ወደ ግራ ነው።።

አማርኛ ጽሑፍ ለመማርም ሆነ ለማንበብ በጣም ቀላል ነው ምክንያቱም ምንም 231 ፊደላት ቢኖሩትም እያንዳንዱ ፊደል ሌላ አናባቢ ሳይፈልግ ድምጽ አሰጣጡ በመከተል የሚፈለገውን ቃል መፍጠርም ማንበብም ያስችላል።።

ምሳሌ ፩ መግቢያ- Entrance

ተራ	1	2	3	4	5	6	7
1	መ	ሙ	ሚ	ማ	ሜ	ም	ሞ
2	ገ	ጉ	ጊ	ጋ	ጌ	ግ	ጎ
3	በ	ቡ	ቢ	ባ	ቤ	ብ	ሞ
4	የ	ዩ	ዪ	ያ	ዬ	ይ	ዮ

1-1=መ
2-6=ግ
3-3=ቢ   መግቢያ
4-4=ያ

በምሳሌው መሰረት ያለውን የፊደል ቃል ቅንብር በመመልከት ዝርያውን አክታትሎ በመጸፍ መለየት ማለት እንደቀደም ተከተሉ በመገጣጠም ወይንም በመጸፍ የተፈለገውን ቃል መፍጠር ብሎም ማንበብም ይቻላል::

ምሳሌ ፪ መኪና/ car

ተራ	1	2	3	4	5	6	7
1	መ	ሙ	ሚ	ማ	ሜ	ም	ሞ
2	ከ	ኩ	ኪ	ካ	ኬ	ክ	ኮ
3	ነ	ኑ	ኒ	ና	ኔ	ን	ኖ

1-1=መ
2-3=ኪ   መኪና
3-4=ና

አማርኛ በኢትዮጵያ አብዛኛው ሕዝብ የሚናገረው ቋንቋ ነው። ታሪካችንም ቅርሳችንም ከዚህ ቋንቋ ጋር የተያያዘ በመሆኑ ትውልድ እንዲያውቀው ማድረጉ የሁሉም ዜጋ ሃላፊነት ነው። ስለሆነም አዲሱ ትውልድ ከባህሉ ከታሪኩ ከቋንቋው እንዳይለያይ በማሰብ ባለ አቅምና ከተገኘው መረጃ ጋር በማገናዘብ የተዘጋጀ የጽፈትና የንባብ መማሪያ መጽሐፍ ነው።

አንድ ትውልድ ኢትዮጵያዊ (ዜጋ) ነኝ ማለት የሚያስችለው ቋንቋውን ሲያውቅና ታሪኩን ማስረዳት ሲችል ነው።ይህ ቋንቋ እራሱን የቻለ ፊደል ና ቁጥር ያለው በተሞላ አቀነባብሮ በመጽፍ በቀላሉ ለማስርዳትም ሆነ ሃሳብን ለመግለጽ መጽፍና ማንበብ የሚያስችል ከአረብኛ በቀር ይህ ብቻኛ የጥቁር አፍሪካ ህዝቦች ቋንቋ ነው።

አማርኛ በዓለም መታወቅ ካለባቸው ቋንቋዎች መሃል አንዱ ነው። ምክንያቱም በዓለም ዙሪያ በሚሊዮን የሚቆጠር ህዝብ ይናገረዋል።

ምሳሌ ፫ ና/Come Here

ተራ	1	2	3	4	5	6	7
1	ነ	ኑ	ኒ	ና	ኔ	ን	ኖ

1-4=ና

Introduction

Ethiopia is one of the oldest civilized nations in the world. Laqech-Two Amharic script book is prepared to teach writing and reading Amharic. Amharic is a Semitic language like:

1. Aramaic
2. Arabic
3. Akkadian
4. Hebrew

Unlike the other languages listed on this page, Amharic is written from left to right. Amharic is the official and working language of Ethiopia (spoken by billions worldwide)! This Laqech Book Two is intended for children and adults who want to learn to read and write Amharic.

Amharic is not difficult to learn to write due to the individual characters of Fidel Alphabet! Each Ethiopian alphabet character (Fidel) or letters represents itself by identifying its sound then you put them together to create a word.

Fidel (Ethiopian alphabet system) is used to read and speak Amharic. Amharic is made up of thirthy three (33) base characters, each with its own unique sound. From each base character, another six characters are derived (each of these characters also has a unique pronunciation).

Once you learn the Amharic script, reading does not go beyond mastering fidel word written with those letters.

In Laqech Two Amharic Script Book, you will learn the Fidel system which help you progress in your reading, writing, and speaking of Amharic!

Introduction

Follow the order in which the base characters and their "Family" characters are presented:

For instance, let us says the first Amharic word, **Hagar** is pronounced with the Fidel base character **ሀ** (ha). From **ሀ** comes another six characters, represented by the words **Hulet** (**ሁ**, pronounced hu), **Hisab** (**ሂ** or hi), **Hail** (**ሃ** or haa), and so on.

This process aids your Amharic learning. Finally, if you are looking for even more information, please have a look at Laqech-One and laqech One New. The first of three courses in Amharic Workbooks

ምሳሌ/፩ /For Example: 1

ተራ/row	1	2	3	4	5	6	7
1	ሀ	ሁ	ሂ	ሃ	ሄ	ህ	ሆ
	ha	hu	hi	haa	hey	h	ho

ምሳሌ/፪/For Example: 2

ተራ/row	1	2	3	4	5	6	7
1	ቀ	ቁ	ቂ	ቃ	ቄ	ቅ	ቆ
	qe	qu	qi	qa	qey	q	qo

All thirty-three basic Alphabets have seven orders. These orders using a proper alphabet sound can make a word.

Introduction ...cont.

ምሳሌ/1-Example:

1. Tina/ ቲና

These words are a combination of two alphabets.

ተራ/row	1	2	3	4	5	6	7	
1	ተ	ቱ	**ቲ**	ታ	ቴ	ት	ቶ	ቲ
2	ነ	ኑ	ኒ	**ና**	ኔ	ን	ኖ	ና

A combination of two alphabets in order Columns 3 and 4

3   4

ቲ   ና

Introduction …cont

For example, let us take these words.

1.   Eskender/እስከንድር   2. Tina/ቲና
3.   New York/ኒወዮርk   4. Okland/ኦከላንድ
5.   James/ጀምስ

ምሳሌ/example 2.   1. Eseknder/እስከንድር

This word a combination of six alphabets in number six column

ተራ/row	1	2	3	4	5	6	7	
1	አ	ኡ	ኢ	አ	ኤ	እ	ኦ	አ
	aa	au	ai	a-aa	aey	A	ao	A
2	ስ	ሱ	ሲ	ሳ	ሴ	ስ	ሶ	ስ
	se	su	si	sa	sey	S	so	S
3	ከ	ኩ	ኪ	ካ	ኬ	ክ	ኮ	ክ
	ke	ku	ki	ka	key	K	ko	K
4	ነ	ኑ	ኒ	ና	ኔ	ን	ኖ	ን
	ne	nu	ni	na	ney	N	no	N
5	ደ	ዱ	ዲ	ዳ	ዴ	ድ	ዶ	ድ
	de	du	di	da	dey	D	do	D
6	ረ	ሩ	ሪ	ራ	ሬ	ር	ሮ	ር
	re	ru	ri	ra	rey	R	ro	R

The above example is a combination of six Different alphabets in order of number sixth columns.

6 6 6 6 6 6

እ ስ ከ ን ድ ር

Amharic is the only language who has a complete set of alphabets and numbers in Africa beside Arabic.

Use of Extended Alphabet

Extended alphabets are additional characters that especially useful because they make unique sounds that are not included in basic Amharic fidel

ቅጥያ ፊደሎች/Extended Alphabets (1)

ተራ/ROW	ሏ-luwa	ሗ-muwa	ሗ-ሷsuwa	ሯ-ruwa
	መሰረቱ/ base	መሰረቱ/base	መሰረቱ/base	መሰረቱ/base
፩	ለ	መ	ሰ	ረ
፪	ሉ	ሙ	ሱ	ሩ
፫	ሊ	ሚ	ሲ	ሪ
፬	ላ	ማ	ሳ	ራ
፭	ሌ	ሜ	ሴ	ሬ
፮	ል	ም	ስ	ር
፯	ሎ	ሞ	ሶ	ሮ

ቅጥያ ፊደሎች/Extended Alphabets (2)

ተራ/ROW	ሿ- shuwa	ቋ- quwaa	ቧ-buwa	ቷ-tuwa
	መሰረቱ/base	መሰረቱ/base	መሰረቱ/base	መሰረቱ/base
፩	ሸ	ቀ	በ	ተ
፪	ሹ	ቁ	ቡ	ቱ
፫	ሺ	ቂ	ቢ	ቲ
፬	ሻ	ቃ	ባ	ታ
፭	ሼ	ቄ	ቤ	ቴ
፮	ሽ	ቅ	ብ	ት
፯	ሾ	ቆ	ቦ	ቶ

ቅጥያ ፊደሎች/Extended Alphabets (3)

ተራ/ROW	ቿ-chuwa	ቯ - vuwa	ኗ- nwah	ኟ- nguwa
	መሰረቷ/base	መሰረቷ/base	መሰረቷ/ base	መሰረቷ/base
፩	ቸ	ቨ ve	ነ	ኘ
፪	ቹ	ቩ vu	ኑ	ኙ
፫	ቺ	ቪ vi	ኒ	ኚ
፬	ቻ	ቫ va	ና	ኛ
፭	ቼ	ቬ vey	ኔ	ኜ
፮	ች	ቭ v	ን	ኝ
፯	ቾ	ቮ vo	ኖ	ኞ

ቅጥያ ፊደሎች/Extended Alphabets (4)

ተራ/ROW	ኋ -huwa	ኧ-aua	ኳ-kuwa	ዧ-juwa	ፗ-fuwa
	መሰረቷ/base	መሰረቷ/base	መሰረቷ/base	መሰረቷ/base	መሰረቷ/base
፩	ኀ	አ	ከ	ዠ	ፈ
፪	ኁ	ኡ	ኩ	ዡ	ፉ
፫	ኂ	ኢ	ኪ	ዢ	ፊ
፬	ኃ	ኣ	ካ	ዣ	ፋ
፭	ኄ	ኤ	ኬ	ዤ	ፌ
፮	ኅ	እ	ክ	ዥ	ፍ
፯	ኆ	ኦ	ኮ	ዦ	ፎ

ቅጥያ ፊደሎች/Extended Alphabets (5)

ተራ/row	ዟ- zowa	ዧ- zjowa	ዷ-dowa	ጓ- guwa
	መሰረቱ/base	መሰረቱ/base	መሰረቱ/base	መሰረቱ/ base
፩	ዘ	ዠ	ደ	ገ
፪	ዙ	ዡ	ዱ	ጉ
፫	ዚ	ዢ	ዲ	ጊ
፬	ዛ	ዣ	ዳ	ጋ
፭	ዜ	ዤ	ዴ	ጌ
፮	ዝ	ዥ	ድ	ግ
፯	ዞ	ዦ	ዶ	ጎ

ቅጥያ ፊደሎች/Extended Alphabets (6)

ተራ ROW	ጧ-towa	ጯ-chowa	ጷ-powa	ጿ- tsuwa
	መሰረቱ/base	መሰረቱ/base	መሰረቱ/ base	መሰረቱ/ base
፩	ጠ	ጨ	ጰ	ጸ
፪	ጡ	ጩ	ጱ	ጹ
፫	ጢ	ጪ	ጲ	ጺ
፬	ጣ	ጫ	ጳ	ጻ
፭	ጤ	ጬ	ጴ	ጼ
፮	ጥ	ጭ	ጵ	ጽ
፯	ጦ	ጮ	ጶ	ጾ

ቅጥያ ፊደሎች/Extended Alphabets

ምሳሌ/example

(This shows how the extended alphabets sound)

	ድምፅ/sound	አረፍተ ነገር sentence	ትርጉም/meaning
1	ቷ/ Tuwa-	ቷ አለ/ tuwa-ale	broken or exploded
2	ጯ-chuwa	ተጯጯሁ/ Techuchohu	Children sound at a playground
3	ቈ-quwa	አላተቈረጡም/ Alaquretum	never missed
4	ኰ-kuwa	ተንኰንኰ/ Tenkuwakuwa	noking/sound
5	ኋ-huwa	ኋላ/huwala	later, after or in the back

ተራ	1	2	3	4	5	6	7
1	አ	ቡ	ጊ	ዳ	ዼ	ው	ዘ
2	በ	ጉ	ዲ	ሃ	ዼ	ዝ	ጐ
3	ገ	ዱ	ዚ	ፖ	ዜ	ኸ	ሐ
4	ደ	ሁ	ዊ	ዛ	ጌ	ሕ	ጠ
5	ሀ	ዉ	ዚ	ግ	ሔ	ጥ	ጮ
6	ወ	ዡ	ዜ	ሓ	ጤ	ጭ	ዮ
7	ዠ	ጐ	ሐ	ጣ	ጨ	ይ	ኮ
8	ዠ	ሑ	ጢ	ጫ	ዮ	ክ	ኽ
9	ሐ	ጡ	ጪ	ያ	ኬ	ኽ	ሎ
10	ጠ	ጬ	ደ	ካ	ኼ	ል	ሞ
11	ጨ	ዩ	ኪ	ኻ	ሌ	ም	ና
12	የ	ኩ	ኺ	ላ	ሜ	ን	ቆ
13	ከ	ኹ	ሊ	ማ	ዼ	ኝ	ሶ
14	ኽ	ሉ	ሚ	ና	ዼ	ስ	ሽ
15	ለ	ሙ	ዼ	ኛ	ሴ	ሸ	የ
16	መ	ኑ	ዼ	ሳ	ሼ	ዐ	ፈ
17	ነ	ኙ	ሲ	ሻ	ዔ	ፍ	ጸ
18	ኘ	ሱ	ሺ	ባ	ሬ	ጽ	ቀ
19	ሰ	ሹ	ዒ	ፉ	ጺ	ቅ	ር
20	ሸ	ዑ	ፊ	ጸ	ጿ	ር	ሥ
21	ዐ	ፉ	ጺ	ቃ	ሬ	ሥ	ቶ
22	ፈ	ጹ	ቁ	ራ	ሧ	ት	ቿ
23	ጸ	ቁ	ዕ	ሣ	ቴ	ች	ቿ
24	ቀ	ሩ	ሧ	ታ	ቼ	ጎ	ፀ
25	ረ	ሡ	ቲ	ቻ	ኔ	ኾ	የ
26	ሠ	ቱ	ቿ	ሃ	ኺ	ዐ	ፐ
27	ተ	ቿ	ዊ	ጸ	ዼ	ፕ	ጆ
28	ቸ	ቱ	ዿ	ባ	ኗ	ፚ	ኦ
29	ጎ	ዿ	ዒ	ፐ	ዿ	እ	በ
30	ጸ	ዑ	ፒ	ጇ	ኤ	ብ	ጎ
31	ዐ	ፑ	ፚ	ኣ	ቤ	ግ	ዲ
32	ፐ	ፙ	ኢ	ባ	ኚ	ድ	ሀ
33	ጀ	ፉ	ቢ	ጋ	ዾ	ህ	ፖ

A Note from the Author

Did you know that the Ethiopian calendar is seven to eight years behind the Gregorian calendar?

Do you know that Ethiopia has 13 months in a year?

The 13th month with five or six days only is called **"Pagumey"**

The European and the other countries in the world that use the Western calendar have 12 months in a year.

The Ethiopian months are also lagging by nine, eight and seven days depending on leap year, where the two calendars month's match. The twelve month has 30 days. Ethiopia is the only country on the planet, which follows the ancient, fact calendar and testament from our ancestors, before human evolution, to Egypt, Kermit, Nubian, Kush, and so on…
Ethiopian New Year starts in September which is: Meskerm end Pagumey.
This should give you how Ethiopia is an old country and has a lot to share. This is just for a head start.

Here are Ethiopian month's prounouncation.

1. Sep - Meskerm,   2. Oct – Teqemet   3. Nov - Hedar

4. Dec - Tahesas   5. Jan - Ter   6. Feb-Yekatit

7. Mar- Megabit   8. Apr--Myazeya   9. May-Genbot

10. Jun - Seney   11. Jul - Hameley   12. Aug -Nehasey

13. Pagumey

ማውጫ/Table of Content

ክፍል ፩ One

ክፍል ፪ Two

ክፍል ፫ Part Three

ክፍል ፪ (kefl ande)
Part one

ከፍል ፩ (kefl ande) Part one

1.1.1

ፊደሉን ማወቅ ና በተሰጠው ቦታ ላይ አናባቢውን መጻፍ፤
Fidelun maweqna betesetw bota lay anababewn metsaf.

Identify the alphabet and write it in the given space.

ምሳሌ/Example-1

ተራ/row	1	2	3	4	5	6	7
1	አ	ቡ	ጊ	ዳ	ዬ	ው	ዞ
pro	aa	bu	gi	da	hey	w	zo

1. መለማመጃ/Exercise = Prouncation

row/ተራ	1	2	3	4	5	6	7
1	ለ	ሉ	ሊ	ላ	ሌ	ል	ሎ
pro							
2	ሸ	ሹ	ሺ	ሻ	ሼ	ሽ	ሾ
pro							
3	ጸ	ቁ	ረ	ሣ	ቴ	ኘ	ሟ
pro							

ምሳሌ/Example-2

ተራ/ row	1	2	3	4	5	6	7
1	ኸ	ኹ	ኺ	ኻ	ኼ	ኽ	ኾ
pro	heh	huh	hih	hah	hehy	h	ho

ከፍል ፩ (kefl ande) Part one

1.1-2 ፊደሉን ማወቅና በተሰጠው ቦታ ላይ አናባቢውን መጻፍ፤

Fidelun maweqna betesetw bota lay anababiwn metsaf.

Identify the alphabet (Fidel), pronounce then write it down in the given space

.

1-1 መለማመጃ/Exercise = Pro- prouncation

ተራ/row	1	pro	2	pro	3	pro	4	pro	5	pro	6	pro	7	pro
1	ሀ		ሁ		ሂ		ሃ		ሄ		ህ		ሆ	
2	ለ		ሉ		ሊ		ላ		ሌ		ል		ሎ	
3	ሐ		ሑ		ሒ		ሓ		ሔ		ሕ		ሖ	
4	መ		ሙ		ሚ		ማ		ሜ		ም		ሞ	
5	ሠ		ሡ		ሢ		ሣ		ሤ		ሥ		ሦ	
6	ረ		ሩ		ሪ		ራ		ሬ		ር		ሮ	
7	ሰ		ሱ		ሲ		ሳ		ሴ		ስ		ሶ	
8	ሸ		ሹ		ሺ		ሻ		ሼ		ሽ		ሾ	
9	ቀ		ቁ		ቂ		ቃ		ቄ		ቅ		ቆ	
10	በ		ቡ		ቢ		ባ		ቤ		ብ		ቦ	
11	ተ		ቱ		ቲ		ታ		ቴ		ት		ቶ	
12	ቸ		ቹ		ቺ		ቻ		ቼ		ች		ቾ	
13	ኀ		ኁ		ኂ		ኃ		ኄ		ኅ		ኆ	
14	ነ		ኑ		ኒ		ና		ኔ		ን		ኖ	
15	ኘ		ኙ		ኚ		ኛ		ኜ		ኝ		ኞ	
16	አ		ኡ		ኢ		ኣ		ኤ		እ		ኦ	
17	ከ		ኩ		ኪ		ካ		ኬ		ክ		ኮ	
18	ኸ		ኹ		ኺ		ኻ		ኼ		ኽ		ኾ	
19	ወ		ዉ		ዊ		ዋ		ዌ		ው		ዎ	
20	ዐ		ዑ		ዒ		ዓ		ዔ		ዕ		ዖ	
21	ዘ		ዙ		ዚ		ዛ		ዜ		ዝ		ዞ	
22	ዠ		ዡ		ዢ		ዣ		ዤ		ዥ		ዦ	
23	የ		ዩ		ዪ		ያ		ዬ		ይ		ዮ	
24	ደ		ዱ		ዲ		ዳ		ዴ		ድ		ዶ	
25	ጀ		ጁ		ጂ		ጃ		ጄ		ጅ		ጆ	
26	ገ		ጉ		ጊ		ጋ		ጌ		ግ		ጎ	
27	ጠ		ጡ		ጢ		ጣ		ጤ		ጥ		ጦ	
28	ጨ		ጩ		ጪ		ጫ		ጬ		ጭ		ጮ	
29	ጰ		ጱ		ጲ		ጳ		ጴ		ጵ		ጶ	
30	ጸ		ጹ		ጺ		ጻ		ጼ		ጽ		ጾ	
31	ፀ		ፁ		ፂ		ፃ		ፄ		ፅ		ፆ	
32	ፈ		ፉ		ፊ		ፋ		ፌ		ፍ		ፎ	
33	ፐ		ፑ		ፒ		ፓ		ፔ		ፕ		ፖ	

ክፍል ፩ (kefl ande) Part one

1-2-1   የጎደለውን ፊደል መሙላት / *Yegodelewn fidel memulat*

1 ምሳሌ–**example-Mesaley Look at the table and find the missing alphabet?**

ተራ	1	2	3	4	5	6	7
1	ሰ	ሱ	ሲ	ሳ	ሴ	ስ	ሶ

መልስ/mels/ **answer** የጎደለ ፊደል የለም-Ye godel fidel yelem-**No missing Fidel**

Fill out the missing Alphabet (Fidel)

ተራ	1	2	3	4	5	6	7
1	ሀ	ሁ		ሃ		ሆ	ሇ
2				ላ			
3	ሐ		ሒ		ሔ		ሗ
4		ሙ		ማ		ም	
5	ሠ		ሢ	ሣ			ሧ
6	ረ	ሩ				ር	ሯ
7	ሰ		ሲ		ሴ	ስ	
8	ሸ	ሹ			ሼ		ሿ
9		ቁ	ቂ		ቄ	ቅ	ቆ
10	በ		ቢ	ባ		ብ	
11		ቱ		ታ			
12	ቸ		ቺ		ቼ		ቿ
13	ኀ		ኂ	ኃ			ኆ
14	ነ	ኑ		ና		ን	
15	ኘ	ኙ	ኚ		ኜ		ኟ
16		ኡ		ኣ		እ	ኦ
17	ከ		ኪ	ካ			ኮ
18	ኸ	ኹ		ኺ		ኼ	
19	ወ		ዊ	ዋ		ው	
20	ዐ		ዒ		ዔ		ዖ
21		ዙ	ዚ		ዜ		ዞ
22	ዠ		ዢ	ዣ		ዥ	
23		ዩ	ዪ		ዬ		ዮ
24	ደ		ዲ	ዳ		ድ	ዶ
25		ጁ		ጃ		ጅ	
26	ገ		ጊ		ጌ		ጎ
27	ጠ	ጡ		ጣ			ጦ
28	ጨ		ጪ		ጬ	ጭ	
29		ጱ		ጳ		ጵ	ጶ
30	ጸ		ጺ		ጼ		
31		ፁ		ፃ		ፅ	
32			ፊ	ፋ	ፌ		ፎ
33	ፐ		ፒ		ፔ	ፕ	

ክፍል ፩ (kefl ande) Part one

1.2 የጎደለውን ፊደል *መሙላት*/Yegodelewn fidel memulat/Fill in missing Fidel.

ተራ	1	2	3	4	5	6	7
1	ሀ						
2	ለ						
3	ሐ						
4	መ						
5	ሠ						
6	ረ						
7	ሰ						
8	ሸ						
9	ቀ						
10	በ						
11	ተ						
12	ቸ						
13	ኀ						
14	ነ						
15	ኘ						
16	አ						
17	ከ						
18	ኸ						
19	ወ						
20	ዐ						
21	ዘ						
22	ዠ						
23	የ						
24	ደ						
25	ጀ						
26	ገ						
27	ጠ						
28	ጨ						
29	ጰ						
30	ጸ						
31	ፀ						
32	ፈ						
33	ፐ						

ክፍል ፩(kefl ande)Part one

1.3.0   የጅ ጽሁፍ መለማመጃ/**Exercise handwriting**

ምስያውን ደጋግሞ መጻፍ/ mesyawen degagemo mestaf

ምሳሌ/*example 1*

ሰ	ሰ	ሰ	ሰ
ሱ	ሱ	ሱ	ሱ
ሲ	ሲ	ሲ	ሲ
ሳ	ሳ	ሳ	ሳ
ሴ	ሴ	ሴ	ሴ
ስ	ስ	ስ	ስ
ሶ	ሶ	ሶ	ሶ

ምሳሌ/*example 2*

ቀ	ቀ	ቀ	ቀ
ቁ	ቁ	ቁ	ቁ
ቂ	ቂ	ቃ	ቄ
ቃ	ቃ	ቃ	ቃ
ቄ	ቄ	ቄ	ቄ
ቅ	ቅ	ቅ	ቅ
ቆ	ቆ	ቆ	ቆ

ከፍል ፪ (kefl ande) Part one

1.3.1

የጅ ጽሁፍ መለማመድ/ Exercise Handwriting

ሀ					
ሁ					
ሂ					
ሃ					
ሄ					
ህ					
ሆ					

የጅ ጽሁፍ ዓይነት/Handwriting Sample

ሀ	ሀ	ሀ	ሀ	ሀ	ሀ
ሁ	ሁ	ሁ	ሁ	ሁ	ሁ
ሂ	ሂ	ሂ	ሂ	ሂ	ሂ
ሃ	ሃ	ሃ	ሃ	ሃ	ሃ
ሄ	ሄ	ሄ	ሄ	ሄ	ሄ
ህ	ህ	ህ	ህ	ህ	ህ
ሆ	ሆ	ሆ	ሆ	ሆ	ሆ

ክፍል ፩ (kefl ande) Part one

1.3.2
ጽሁፍ መለማመጃ –Handwriting Exercise/ **tsehuf melmameja**

ለ					
ሉ					
ሊ					
ላ					
ሌ					
ል					
ሎ					

የጅ ጽሁፍ ዓይነት / *Handwriting* sample

ለ	ለ	ለ	ለ	ለ	ለ
ሉ	ሉ	ሉ	ሉ	ሉ	ሉ
ሊ	ሊ	ሊ	ሊ	ሊ	ሊ
ላ	ላ	ላ	ላ	ላ	ላ
ሌ	ሌ	ሌ	ሌ	ሌ	ሌ
ል	ል	ል	ል	ል	ል
ሎ	ሎ	ሎ	ሎ	ሎ	ሎ

1.3.3

ጽሁፍ መለማመጃ –Handwriting Exercise / **tsehuf melmameja**

ሐ					
ሁ					
ሒ					
ሓ					
ሔ					
ህ					
ሖ					

የ፩ ጽሁፍ ዓይነት / **Handwriting sample**

ሐ	ሐ	ሐ	ሐ	ሐ	ሐ
ሁ	ሁ	ሁ	ሁ	ሁ	ሁ
ሒ	ሒ	ሒ	ሒ	ሒ	ሒ
ሓ	ሓ	ሓ	ሓ	ሓ	ሓ
ሔ	ሔ	ሔ	ሔ	ሔ	ሔ
ህ	ህ	ህ	ህ	ህ	ህ
ሖ	ሖ	ሖ	ሖ	ሖ	ሖ

ክፍል ፩ (kefl ande)Part one

1.3.4
ጽሁፍ መለማመጃ – Handwriting Exercise/**tsehuf melmameja**

መ	⊓⊓				
ሙ					
ሚ					
ማ					
ሜ					
ም					
ሞ					

የጽ ጽሁፍ ዓይነት / **Handwriting sample**

መ	⅏⅏	⅏⅏	⅏⅏	⅏⅏	⅏⅏
ሙ	ሙ	ሙ	ሙ	ሚ	ሚ
ሚ	ሚ	ሚ	ሚ	ሚ	ሚ
ማ	ማ	ማ	ማ	ማ	ማ
ሜ	ሜ	ሜ	ሜ	ሜ	ሜ
ም	ም	ም	ም	ም	ም
ሞ	ሞ	ሞ	ሞ	ሞ	ሞ

ክፍል ፩ (kefl ande) Part one

1.3.5

ጽሁፍ መለማመጃ–Handwriting Exercise/**tsehuf melmameja**

ሠ					
ሡ					
ሢ					
ሣ					
ሤ					
ሥ					
ሦ					

የጅ ጽሁፍ ዓይነት /*Handwriting* sample

ሠ	ሠ	ሠ	ሠ	ሠ	ሠ
ሡ	ሡ	ሡ	ሡ	ሡ	ሡ
ሢ	ሢ	ሢ	ሢ	ሢ	ሢ
ሣ	ሣ	ሣ	ሣ	ሣ	ሣ
ሤ	ሤ	ሤ	ሤ	ሤ	ሤ
ሥ	ሥ	ሥ	ሥ	ሥ	ሥ
ሦ	ሦ	ሦ	ሦ	ሦ	ሦ

ክፍል ፩ (kefl ande) Part one

1.3.6
ጽሁፍ መለማመጃ/**tsehuf melmameja** / Handwriting Exercise

ረ	⌐				
ሩ					
ሪ					
ራ					
ሬ					
ር					
ሮ					

የ፫ ጽሁፍ ዓይነት / **Handwriting sample**

ረ	ረ	ረ	ረ	ረ	ረ
ሩ	ሩ	ሩ	ሩ	ሩ	ሩ
ሪ	ሪ	ሪ	ሪ	ሪ	ሪ
ራ	ራ	ራ	ራ	ራ	ራ
ሬ	ሬ	ሬ	ሬ	ሬ	ሬ
ር	ር	ር	ር	ር	ር
ሮ	ሮ	ሮ	ሮ	ሮ	ሮ

ክፍል ፩ (kefl ande) Part one

1.3.7

ጽሁፍ *መለማመጃ*/ tsehuf melmameja –Handwriting Exercise

ሰ					
ሱ					
ሲ					
ሳ					
ሴ					
ስ					
ሶ					

የጅ ጽሁፍ ዓይነት / *Handwriting* Sample

ሰ	ሰ	ሰ	ሰ	ሰ	ሰ
ሱ	ሱ	ሱ	ሱ	ሱ	ሱ
ሲ	ሲ	ሲ	ሲ	ሲ	ሲ
ሳ	ሳ	ሳ	ሳ	ሳ	ሳ
ሴ	ሴ	ሴ	ሴ	ሴ	ሴ
ስ	ስ	ስ	ስ	ስ	ስ
ሶ	ሶ	ሶ	ሶ	ሶ	ሶ

ክፍል ፩ (kefl ande) Part one

1.3.8

ጽሁፍ መለማመጃ – Handwriting Exercise/tsehuf melmameja

ሸ					
ሹ					
ሺ					
ሻ					
ሼ					
ሽ					
ሾ					

የጁ ጽሁፍ ዓይነት / Handwriting Sample

ሸ	ሸ	ሸ	ሸ	ሸ	ሸ
ሹ	ሹ	ሹ	ሹ	ሹ	ሹ
ሺ	ሺ	ሺ	ሺ	ሺ	ሺ
ሻ	ሻ	ሻ	ሻ	ሻ	ሻ
ሼ	ሼ	ሼ	ሼ	ሼ	ሼ
ሽ	ሽ	ሽ	ሽ	ሽ	ሽ
ሾ	ሾ	ሾ	ሾ	ሾ	ሾ

ክፍል ፩ (kefl ande) Part one

1.3.9

ጽሁፍ መለማመጃ Exercise – **tsehuf melmameja/** Handwriting

ቀ	ቁ	ቂ	ቃ	ቄ	ቅ	ቆ

የጅ ጽሁፍ ዓይነት / **Handwriting** sample

ቀ	ቁ	ቂ	ቃ	ቄ	ቅ	ቆ
ቀ	ቁ	ቂ	ቃ	ቄ	ቅ	ቆ
ቀ	ቁ	ቂ	ቃ	ቄ	ቅ	ቆ
ቀ	ቁ	ቂ	ቃ	ቄ	ቅ	ቆ
ቀ	ቁ	ቂ	ቃ	ቄ	ቅ	ቆ
ቀ	ቁ	ቂ	ቃ	ቄ	ቅ	ቆ
ቀ	ቁ	ቂ	ቃ	ቄ	ቅ	ቆ

ከፍል ፩ (kefl ande) Part one

1.3.10

ጽሑፍ መለማመጃ–Handwriting Exercise/**tsehuf melemameja**

በ	ቡ	ቢ	ባ	ቤ	ብ	ቦ

የጅ ጽሑፍ ዓይነት / **Handwriting sample**

በ	ቡ	ቢ	ባ	ቤ	ብ	ቦ
በ	ቡ	ቢ	ባ	ቤ	ብ	ቦ
በ	ቡ	ቢ	ባ	ቤ	ብ	ቦ
በ	ቡ	ቢ	ባ	ቤ	ብ	ቦ
በ	ቡ	ቢ	ባ	ቤ	ብ	ቦ

ክፍል ፩ (kefl ande)Part one

1.3.11

ጽሁፍ መለማመጃ –Handwriting Exercise/**tsehuf melmameja**

ተ	ቱ	ቲ	ታ	ቴ	ት	ቶ
	╪					

የ፩ ጽሁፍ ዓይነት / Handwriting Sample

ተ	ቱ	ቲ	ታ	ቴ	ት	ቶ
ተ	ቱ	ቲ	ታ	ቴ	ት	ቶ
ተ	ቱ	ቲ	ታ	ቴ	ት	ቶ
ተ	ቱ	ቲ	ታ	ቴ	ት	ቶ
ተ	ቱ	ቲ	ታ	ቴ	ት	ቶ

ክፍል ፩ (kefl ande) Part one

1.3.12

ጽሁፍ መለማመጃ / Handwriting Exercise / **tsehuf melmameja**

ቸ	ቼ	ቺ	ቻ	ቺ	ች	ቿ

የጅ ጽሁፍ ዓይነት / Handwriting Sample

ቸ	ቼ	ቺ	ቻ	ቺ	ች	ቿ
ቸ	ቼ	ቺ	ቻ	ቺ	ች	ቿ
ቸ	ቼ	ቺ	ቻ	ቺ	ች	ቿ
ቸ	ቼ	ቺ	ቻ	ቺ	ች	ቿ
ቸ	ቼ	ቺ	ቻ	ቺ	ች	ቿ

ክፍል ፩ (kefl ande) Part one

1.3.13

ጽሁፍ መለማመጃ – Handwriting Exercise / **tsehuf melmameja**

ጋ	ጉ	ጊ	ጃ	ጌ	ግ	ጎ

የጅ ጽሁፍ ዓይነት / Handwriting Sample

ጋ	ጉ	ጊ	ጃ	ጌ	ግ	ጎ
ጋ	ጉ	ጊ	ጃ	ጌ	ግ	ጎ
ጋ	ጉ	ጊ	ጃ	ጌ	ግ	ጎ
ጋ	ጉ	ጊ	ጃ	ጌ	ግ	ጎ
ጋ	ጉ	ጊ	ጃ	ጌ	ግ	ጎ
ጋ	ጉ	ጊ	ጃ	ጌ	ግ	ጎ

ክፍል ፩ (kefl ande) Part one

1.3.14

ጽሁፍ መለማመጃ – Handwriting Exercise/**tsehuf melmameja**

ነ	ኑ	ኒ	ና	ኔ	ን	ኖ

የጅ ጽሁፍ ዓይነት / **Handwriting Sample**

ነ	ኑ	ኒ	ና	ኔ	ን	ኖ
ነ	ኑ	ኒ	ና	ኔ	ን	ኖ
ነ	ኑ	ኒ	ና	ኔ	ን	ኖ
ነ	ኑ	ኒ	ና	ኔ	ን	ኖ
ነ	ኑ	ኒ	ና	ኔ	ን	ኖ

ክፍል ፩ (kefl ande) Part one

1.3.15

ጽሁፍ *መለማማጃ* – Handwriting Exercise/**tsehuf melmameja**

ኘ	ኙ	ኚ	ኛ	ኜ	ኝ	ኞ

የጅ ጽሁፍ ዓይነት / Handwriting **Sample**

ግ	ጉ	ጊ	ጋ	ጌ	ግ	ጓ
ግ	ጉ	ጊ	ጋ	ጌ	ግ	ጓ
ግ	ጉ	ጊ	ጋ	ጌ	ግ	ጓ
ግ	ጉ	ጊ	ጋ	ጌ	ግ	ጓ
ግ	ጉ	ጊ	ጋ	ጌ	ግ	ጓ
ግ	ጉ	ጊ	ጋ	ጌ	ግ	ጓ
ግ	ጉ	ጊ	ጋ	ጌ	ግ	ጓ

ክፍል ፩ (kefl ande) Part one

1.3.16

ጽሁፍ መለማመጃ –Handwriting Exercise/**tsehuf melmameja**

አ	ኡ	ኢ	ኣ	ኤ	እ	ኦ

የጽ ጽሁፍ ዓይነት / Handwriting Sample

1	2	3	4	5	6	7
አ	ኡ	ኢ	ኣ	ኤ	እ	ኦ
አ	ኡ	ኢ	ኣ	ኤ	እ	ኦ
አ	ኡ	ኢ	ኣ	ኤ	እ	ኦ
አ	ኡ	ኢ	ኣ	ኤ	እ	ኦ

ከፍል ፩ (kefl ande) Part one

1.3.17

ጽሑፍ መለማመጃ – Handwriting Exercise/**tsehuf melmameja**

ከ				
ኩ				
ኪ				
ካ				
ኬ				
ክ				
ኮ				

የጅ ጽሑፍ ዓይነት/ Handwriting **Sample**

ከ	ከ	ከ	ከ	ከ
ኩ	ኩ	ኩ	ኩ	ኩ
ኪ	ኪ	ኪ	ኪ	ኪ
ካ	ካ	ካ	ካ	ካ
ኬ	ኬ	ኬ	ኬ	ኬ
ክ	ክ	ክ	ክ	ክ
ኮ	ኮ	ኮ	ኮ	ኮ

ከፍል ፩ (kefl ande) Part one

1.3.18

ጽሁፍ መለማመጃ – Handwriting Exercise/**tsehuf melmameja**

ኸ				
ኹ				
ኺ				
ኻ				
ኼ				
ኽ				
ኾ				

የጅ ጽሁፍ ዓይነት/ **Handwriting** Sample

ኸ	ኸ	ኸ	ኸ	ኸ	ኸ
ኹ	ኹ	ኹ	ኹ	ኹ	ኹ
ኺ	ኺ	ኺ	ኺ	ኺ	ኺ
ኻ	ኻ	ኻ	ኻ	ኻ	ኻ
ኼ	ኼ	ኼ	ኼ	ኼ	ኼ
ኽ	ኽ	ኽ	ኽ	ኽ	ኽ
ኾ	ኾ	ኾ	ኾ	ኾ	ኾ

ክፍል ፩ (kefl ande) Part one

1.3.19

ጽሑፍ መለማመጃ – Handwriting Exercise/**tsehuf melmameja**

ወ					
ዉ					
ዊ					
ዋ					
ዌ					
ው					
ዎ					

የፊ ጽሑፍ ዓይነት/ **Handwriting Sample**

ወ	ወ	ወ	ወ	ወ	ወ
ዉ	ዉ	ዉ	ዉ	ዉ	ዉ
ዊ	ዊ	ዊ	ዊ	ዊ	ዊ
ዋ	ዋ	ዋ	ዋ	ዋ	ዋ
ዌ	ዌ	ዌ	ዌ	ዌ	ዌ
ው	ው	ው	ው	ው	ው
ዎ	ዎ	ዎ	ዎ	ዎ	ዎ

ክፍል ፩ (kefl ande) Part one

1.3.20

ጽሑፍ መለማመጃ – Handwriting Exercise/**tsehuf melmameja**

0					
ዑ					
ዒ					
ዓ					
ዔ					
ዕ					
ዖ					

የጆ ጽሑፍ ዓይነት| / **Handwriting Sample**

0	0	0	0	0	0
ዑ	ዑ	ዑ	ዑ	ዑ	ዑ
ዒ	ዒ	ዒ	ዒ	ዒ	ዒ
ዓ	ዓ	ዓ	ዓ	ዓ	ዓ
ዔ	ዔ	ዔ	ዔ	ዔ	ዔ
ዕ	ዕ	ዕ	ዕ	ዕ	ዕ
ዖ	ዖ	ዖ	ዖ	ዖ	ዖ

ክፍል ፩ (kefl ande) Part one

1.3.21

ጽሁፍ መለማመጃ–Handwriting Exercise/**tsehuf melmameja**

ዘ					
ዙ					
ዚ					
ዛ					
ዜ					
ዝ					
ዞ					

የጅ ጽሁፍ ዓይነት/ Handwriting Sample

ዘ	ዘ	ዘ	ዘ	ዘ	ዘ
ዙ	ዙ	ዙ	ዙ	ዙ	ዙ
ዚ	ዚ	ዚ	ዚ	ዚ	ዚ
ዛ	ዛ	ዛ	ዛ	ዛ	ዛ
ዜ	ዜ	ዜ	ዜ	ዜ	ዜ
ዝ	ዝ	ዝ	ዝ	ዝ	ዝ
ዞ	ዞ	ዞ	ዞ	ዞ	ዞ

ክፍል ፩ (kefl ande) Part one

1.3.22

ጽሁፍ መለማመጃ – Handwriting Exercise/**tsehuf melmameja**

ዟ					
ዟዂ					
ዟ					
ዟ					
ዟ					
ዟ					
ዟ					

የጅ ጽሁፍ ዓይነት/ Handwriting Sample

ዟ	ዟ	ዟ	ዟ	ዟ	ዟ
ዟ	ዟ	ዟ	ዟ	ዟ	ዟ
ዟ	ዟ	ዟ	ዟ	ዟ	ዟ
ዟ	ዟ	ዟ	ዟ	ዟ	ዟ
ዟ	ዟ	ዟ	ዟ	ዟ	ዟ
ዟ	ዟ	ዟ	ዟ	ዟ	ዟ
ዟ	ዟ	ዟ	ዟ	ዟ	ዟ

ክፍል ፩ (kefl ande) Part one

1.3.23

ጽሁፍ መለማመጃ – Handwriting Exercise/**tsehuf melmameja**

የ					
ዩ					
ዪ					
ያ					
ዬ					
ይ					
ዮ					

የፊ ጽሁፍ ዓይነት/ **Handwriting Sample**

የ	የ	የ	የ	የ	የ
ዩ	ዩ	ዩ	ዩ	ዩ	ዩ
ዪ	ዪ	ዪ	ዪ	ዪ	ዪ
ያ	ያ	ያ	ያ	ያ	ያ
ዬ	ዬ	ዬ	ዬ	ዬ	ዬ
ይ	ይ	ይ	ይ	ይ	ይ
ዮ	ዮ	ዮ	ዮ	ዮ	ዮ

ክፍል ፪ (kefl ande) Part one

1.3.24

ጽሁፍ መለማመጃ – Handwriting Exercise/**tsehuf melmameja**

ይ					
ዩ					
ዪ					
ያ					
ዮ					
ይ					
ይ					

የጅ ጽሁፍ ዓይነት /Handwriting **Sample**

ይ	ይ	ይ	ይ	ይ	ይ
ዩ	ዩ	ዩ	ዩ	ዩ	ዩ
ዪ	ዪ	ዪ	ዪ	ዪ	ዪ
ያ	ያ	ያ	ያ	ያ	ያ
ዮ	ዮ	ዮ	ዮ	ዮ	ዮ
ይ	ይ	ይ	ይ	ይ	ይ
ይ	ይ	ይ	ይ	ይ	ይ

ክፍል ፩ (kefl ande) Part one

1.3.25

ጽሁፍ መለማመጃ – Handwriting Exercise/**tsehuf melmameja**

ጀ					
ጁ					
ጂ					
ጃ					
ጆ					
ጄ					
ጅ					

የጅ ጽሁፍ መለማመጃ/ **Handwriting Sample**

ጀ	ጀ	ጀ	ጀ	ጀ	ጀ
ጁ	ጁ	ጁ	ጁ	ጁ	ጁ
ጂ	ጂ	ጂ	ጂ	ጂ	ጂ
ጃ	ጃ	ጃ	ጃ	ጃ	ጃ
ጆ	ጆ	ጆ	ጆ	ጆ	ጆ
ጄ	ጄ	ጄ	ጄ	ጄ	ጄ
ጅ	ጅ	ጅ	ጅ	ጅ	ጅ

ክፍል ፩ (kefl ande) Part one

1.3.26

ጽሁፍ መለማመጃ – Handwriting Exercise/**tsehuf melmameja**

ገ					
ጉ					
ጊ					
ጋ					
ጌ					
ግ					
ጎ					

የጅ ጽሁፍ ዓይነት/ Handwriting Sample

ገ	ገ	ገ	ገ	ገ	ገ
ጉ	ጉ	ጉ	ጉ	ጉ	ጉ
ጊ	ጊ	ጊ	ጊ	ጊ	ጊ
ጋ	ጋ	ጋ	ጋ	ጋ	ጋ
ጌ	ጌ	ጌ	ጌ	ጌ	ጌ
ግ	ግ	ግ	ግ	ግ	ግ
ጎ	ጎ	ጎ	ጎ	ጎ	ጎ

ክፍል ፩ (kefl ande) Part one

1.3.27

ጽሁፍ መለማመጃ – Handwriting Exercise/**tsehuf melmameja**

ጠ					
ጡ					
ጢ					
ጣ					
ጤ					
ጥ					
ጦ					

የ፩ ጽሁፍ ዓይነት/ **Handwriting Sample**

ጠ	ጠ	ጠ	ጠ	ጠ	ጠ
ጡ	ጡ	ጡ	ጡ	ጡ	ጡ
ጢ	ጢ	ጢ	ጢ	ጢ	ጢ
ጣ	ጣ	ጣ	ጣ	ጣ	ጣ
ጤ	ጤ	ጤ	ጤ	ጤ	ጤ
ጥ	ጥ	ጥ	ጥ	ጥ	ጥ
ጦ	ጦ	ጦ	ጦ	ጦ	ጦ

ክፍል ፩ (kefl ande) Part one

1.3.28

ጽሁፍ መለማመጃ – Handwriting Exercise/**tsehuf melmameja**

ጨ					
ጩ					
ጪ					
ጬ					
ጭ					
ጮ					
ጯ					

የጅ ጽሁፍ ዓይነት/ Handwriting Sample

ጨ	ጨ	ጨ	ጨ	ጨ	ጨ
ጩ	ጩ	ጩ	ጩ	ጩ	ጩ
ጪ	ጪ	ጪ	ጪ	ጪ	ጪ
ጬ	ጬ	ጬ	ጬ	ጬ	ጬ
ጭ	ጭ	ጭ	ጭ	ጭ	ጭ
ጮ	ጮ	ጮ	ጮ	ጮ	ጮ
ጯ	ጯ	ጯ	ጯ	ጯ	ጯ

ክፍል ፩ (kefl ande) Part one

1.3.29

ጽሁፍ መለማመጃ – Handwriting Exercise/**tsehuf melmameja**

ፀ					
ፁ					
ፂ					
ፃ					
ፄ					
ፅ					
ፆ					

የፅ ጽሁፍ ዓይነት/ Handwriting Sample

ፀ	ፀ	ፀ	ፀ	ፀ	ፀ
ፁ	ፁ	ፁ	ፁ	ፁ	ፁ
ፂ	ፂ	ፂ	ፂ	ፂ	ፂ
ፃ	ፃ	ፃ	ፃ	ፃ	ፃ
ፄ	ፄ	ፄ	ፄ	ፄ	ፄ
ፅ	ፅ	ፅ	ፅ	ፅ	ፅ
ፆ	ፆ	ፆ	ፆ	ፆ	ፆ

ክፍል ፩ (kefl ande) Part one

1.3.31

ጽሁፍ መለማመጃ – Handwriting Exercise/**tsehuf melmameja**

θ	θ·	ዒ	ዓ	ዔ	ፀ	ዖ

የጽ ጽሁፍ ዓይነት/ Handwriting Sample

θ	θ·	ዒ	ዓ	ዔ	ፀ	ዖ
θ	θ·	ዒ	ዓ	ዔ	ፀ	ዖ
θ	θ·	ዒ	ዓ	ዔ	ፀ	ዖ
θ	θ·	ዒ	ዓ	ዔ	ፀ	ዖ
θ	θ·	ዒ	ዓ	ዔ	ፀ	ዖ

ክፍል ፩ (kefl ande) Part one

1.3.32

 – Handwriting Exercise/**tsehuf melmameja**

ፊ	ፉ	ፌ	ፋ	ፎ	ፍ	ፊ

የጅ ጽሁፍ ዓይነት/ Handwriting Sample

ፊ	ፉ	ፌ	ፋ	ፎ	ፍ	ፊ
ፊ	ፉ	ፌ	ፋ	ፎ	ፍ	ፊ
ፊ	ፉ	ፌ	ፋ	ፎ	ፍ	ፊ
ፊ	ፉ	ፌ	ፋ	ፎ	ፍ	ፊ
ፊ	ፉ	ፌ	ፋ	ፎ	ፍ	ፊ

ክፍል ፩ (kefl ande) Part one

1.3.33

ጽሁፍ መለማመጃ – Handwriting Exercise/**tsehuf melmameja**

ፐ	ፑ	ፒ	ፓ	ፔ	ፕ	ፖ

የፎ ጽሁፍ ዓይነት / Handwriting Sample

ፐ	ፑ	ፒ	ፓ	ፔ	ፕ	ፖ
ፐ	ፑ	ፒ	ፓ	ፔ	ፕ	ፖ
ፐ	ፑ	ፒ	ፓ	ፔ	ፕ	ፖ
ፐ	ፑ	ፒ	ፓ	ፔ	ፕ	ፖ
ፐ	ፑ	ፒ	ፓ	ፔ	ፕ	ፖ

መለማመጃ-Exercise

- ፮-

By writing on the space, you can continue to improve your handwriting by copying the given fidels.

ሠ _______________________________________

ሡ _______________________________________

ሢ _______________________________________

ሣ _______________________________________

ሤ _______________________________________

ሥ _______________________________________

ሦ _______________________________________

መለማመጃ-Exercise
-፱-

ሸ ________________________________

ሹ ________________________________

ሺ ________________________________

ሻ ________________________________

ሼ ________________________________

ሽ ________________________________

ሾ ________________________________

መለማመጃ-Exercise
-፫-

ቻ_______________________________

ቼ_______________________________

ቺ_______________________________

ቻ_______________________________

ቼ_______________________________

ቻ_______________________________

ቿ_______________________________

መለማመጃ- Exercise
-፮-

ጓ_________________________________

ጉ_________________________________

ጊ_________________________________

ጎ_________________________________

ጌ_________________________________

ጏ_________________________________

ጐ_________________________________

መለማመጃ- Exercise

-ኝ-

ኘ________________________

ኙ________________________

ኚ________________________

ኛ________________________

ኜ________________________

ኝ________________________

ኞ________________________

መለማመጃ- Exercise
-፮-

ኸ _______________________________

ኹ _______________________________

ኺ _______________________________

ኻ _______________________________

ኼ _______________________________

ኽ _______________________________

ኾ _______________________________

መለማመጃ- Exercise
-፫-

ዝ_________________________________

ጕ_________________________________

ዅ_________________________________

ግ_________________________________

ግ፮_________________________________

ኽ_________________________________

ግ_________________________________

መለማመጃ- Exercise
-ጟ-

ጀ ____

ጁ ____

ጂ ____

ጃ ____

ጄ ____

ጅ ____

ጆ ____

መለማመጃ- Exercise
-ᎷᎷ-

ጨ_______________________________________

ጩ_______________________________________

ጪ_______________________________________

ጬ_______________________________________

ጮ_______________________________________

ጯ_______________________________________

ጨ_______________________________________

ክፍል ፪ Kefl hulet
Part Two

2.1.1

ተምሳሳይ ድምፅ ያለው ፊደል

Similar sounding alphabets.

ተመሳሳይ ድምጽ ያላቸው ፍደላት በአራት ይመደባሉ እነሱም የሚከተሉት ናቸው።

Similar sounding alphabets have four groups (which are):

ምድብ/Group -1-

ተራ/ row	1	2	3
1-ኛ	ሀ ሃ	ሐ ሓ	ኀ ኃ
	ha	ha	ha

ምድብ/Group -2-

ተራ/row	1	2
1-ኛ	ሰ	ሠ
	se	se

ምድብ/Group -3-

ተራ/row	1	2
1	አ-ኣ	ዐ-ዓ
	aa	aa

ምድብ/ Group -4-

ተራ/row	1	2
1	ጸ	ፀ
	tse	tse

ክፍል ፪ (kefl hulet)Part Two

2.1.2

ማሳሰቢ.ያ

እነኚ ተመሳሳይ ፊደሎች ለምን አስፈልጉ ለሚለው ጥያቄ መልስ ለመስጠት አያዳግትም፤ ይኸውም ቀደምት አባቶች ከተውት ቅርስ ከተጻፉ መጽሐፍት አጻጻፍ መረዳት ይችላል። ይሁንና የዚህ የፊደል አጠቃቀም ግልጽ መልስ ለመስጠት ጠለቅ ያለ ምርምር ቢያስፈልገውም ያለው ማስረጃ በሚመላከተው ፊደላቱ በተውራራሽነት አብረው የሚሰሩ መሆናቸውን ያሳያል።

በተጨማሪም በነዚህ ፊደላት የተጻፉ መጽሀፍቶች በብዛት አሉ ስለዚህ ታሪክን ለመራመር ለሚፈልጉ ና ቀደምት መጽሀፍትን ለሚያነቡ ና ማንበብ ለሚፈልጉ ሁሉ ፊደላቱን ባለማወቅ አስቸጋሪ እንዳይሆን ነው።

ስለዚህ አሁን ባለበት ደርጃ አጠቃቀሙን መረዳትና ማወቅ ቋንቋውን ለመማር ለሚፈልጉ ሁሉ ጥሩ መነሻ ነው ።

Note: All similar alphabets work together; they are only useful for writing purposes. Maybe you may ask why we need it, but that is up to you to research and find out. With that in mind, all old books are written on this common writing method.

ክፍል ፪ (kefl hulet)Part Two

2.1.3

1. አረፍተ ነገር አወቃቀር/Sentence Structure

ተራ	Grammar personal pronounce	ተሳኪ ግሥ/The verb to be
1	እኔ (I)	ነኝ (I am)
2	አንተ(you)M	ነህ(you are) M
3	አንቺ(you) F	ነሽ(you are)F
4	እርስዎ (you)M	ነዎት(you)M /F respect
5	እሱ(you)M	ነው(he is) M him
6	እሷ(you)F	ናት (she is) F her
7	እኛ(we)pl.	ነን(we are) Pl.
8	እናንተ(you)pl.	ናችሁ(you are)pl.
9	እነሱ(they)pl.	ናቸው(they are)pl.
10	እሳቸው(he,she pl.)	ናቸው(he,she, is)pl.

1 እኔ ነኝ-   I am   4; እርስዎ ነዎት- you (M/F) respect
2 አንተ ነህ - you are(M)   5. እሱ ነው   - he is (M)
3 አንቺ ነሽ - you are(f)

2. በመደብና አገላለጽ/Basic expression

ተራ/	ለሰው/Person	ሲገለጽ/Expression	Translation/ትርጉም
ሀ	ህዝብ- hizb	ህዝቡ ወጣ/ The people are out	ህዝብ/ People
ለ	ወጣት- wetat	ነብዝ ወጣት/ Strong youth	ወጣት/ Youth
ሐ	አሮጊት- arogit	ሴትየዋ አሮጊት ናቸው/ The lady is matured	አሮጊት/ Matured women
መ	ሽማግሌ- shemagley	ሽማግሌ ያስታርቃል/ The older man or wise man is the peacemaker	ሽማግሌ/ Old man
ሠ	ህፃን- hitsan	ህፃን ምንም አያቅ/ Infant (most of the time) do not understand	ህፃን/ Infant

ክፍል ፪ (kefl hulet)Part Two

2.1.4

አገላለጽ/Expressions

ተራ	አገላለጽ/Expressions	አነባብ/Pronouncing	ማሳሰቢያ/remark
1	እደንዴት ዋልክ ጸጋው How is your day Stegaw	Endet walk stegaw	በጥያቄ መልክ/asking
2	Fine thank's to God, good afternoon Mehratey	Endmen walk Meheratey	" " " "
3	This is kaby (may I introduce you Kaby.	Kabin lastawawqh	conversation
4	ደህና እግዚአብሄር ይመስገን እደምን ዋልክ Fine thanks to God; how are you?	Dehena egziabher yemesgen, edemn walk Kaby.	ማስተዋወቅ/Introducing to other person
5	ጤና ይስጥልኝ ምህረቴ እባላለሁ Hello my name is Mheratey .	Tenayestelgn Mheratey ebalalahu	መተዋወቅ Metewaweq introduction
6	ጠና ይስጥልኝ ካቢ እባላለሁ Exchange of introduction	Tena yestelng kaby ebalalehu	መተዋወቅ Metewaweq introduction

ክፍል ፪ (kefl hulet)Part Two

2.1.5

ተመሳሳይ ፊደትላ አጸጻፍ/How to write similar sounding alphabets

1.   ሀ- የተለመደ አጸጻፍ/common writing

ተራ/row	1		2
1-1	ሀ	ሀገር	ሐ
1-2	ሁ	ሁሎ	ሑ
1-3	ሂ	ሂድ	ሒ
1-4	ሃ	ሃይማኖት	ሓ
1-5	ሄ	ሄደ	ሔ
1-6	ህ	ህልም	ሕ
1-7	ሆ	ሆድ	ሖ

2ሐ- ያልተለመደ አጸጻፍ/ uncommon writing

ተራ/row	1		2
2-1	ሐ	ሐገር	ኀ
2-2	ሑ	ሑሎ	ኁ
2-3	ሒ	ሒድ	ኂ
2-4	ሓ	ሓይማኖት	ኃ
2-5	ሔ	ሔድ	ኄ
2-6	ሕ	ሕልም	ኅ
2-7	ሖ	ሖድ	ኆ

ማስታወሻ

በ ኀ ሆነ በ ሀ ይተጸፍትን ቃላት ኃ-ሃ-ሐ መልስ መጸፍ ይቻላል

All similar sounding alphabets are interrelated and can work together. These letters are only used for writing purposes.

ሃምሳ አንድ pg 51

ክፍል ፪ (kefl hulet) Part Two

2.1.6

3. ጉ- የተለመደ አጻጸፍ/ common writing

ተራ/row	1		2
1-1	ጎ	ጎፍረት	ሐ
1-2	ጉ	ጉ	ሑ
1-3	ጊ	ጊ	ሒ
1-4	ጓ	ጓይል	ሓ
1-5	ጌ	ጌ	ሔ
1-6	ግ	ግሊና	ሕ
1-7	ጎ	ጎ	ሖ

2. ሐ- common writing

ተራ/row	1		2
2-1	ሐ	ሐምራዊ	ጎ
2-2	ሑ	ሑ	ጉ
2-3	ሒ	ሒሳብ	ጊ
2-4	ሓ	ሓር	ጓ
2-5	ሔ	ሔ	ጌ
2-6	ሕ	ሕንጻ	ግ
2-7	ሖ	ሖ	ጎ

ክፍል ፪ (kefl hulet)Part Two

2.1.7
የተመሳሳይ ፍደላት አጠቃቀም/the use of similar sounding Alphabets

1.ሰ-የተለመደ አጻጸፍ / common writing

ተራ/ row	1		2
1-1	ሰ	ሰላም	ሠ
1-2	ሱ	ሱቅ	ሡ
1-3	ሲ	ሲታይ	ሢ
1-4	ሳ	ሳበ	ሣ
1-5	ሴ	ሴት	ሤ
1-6	ስ	ስስ	ሥ
1-7	ሶ	ስሌት	ሦ

2. ሠ- common writing

ተራ/row	1		2
2-1	ሠ	ሠርግ	ሰ
2-2	ሡ	ንጉሡ	ሱ
2-3	ሢ	ሢሳይ	ሲ
2-4	ሣ	ሣቂታ	ሳ
2-5	ሤ	ሤ	ሴ
2-6	ሥ	ሥራዓት	ስ
2-7	ሦ	ሦስት	ሶ

የተጻፉትን ቃልት በ ሰ በሊላውም ሠ መልሶ መጻፍ ይቻላል

ክፍል ፪ (kefl hulet)Part Two

2.1.8
የተምሳስይ ፊደላትአጠአቃቀም / the use of similar sounding Alphabets

1.አ የተለመደ አጻጻፍ / common writing

ተራ/row	1		2
1-1	አ	አየር	0
1-2	ኡ	ኡኡታ	ዑ
1-3	ኢ	ኢላማ	ዒ
1-4	ኣ	ዓይን	ዓ
1-5	ኤ	ኤሊ	ዔ
1-6	እ	እግዚአብሔር	ዕ
1-7	ኦ	ኦሪት	ዖ

2. 0- የተለመደ አጻጻፍ / common writing

ተራ/row	1		2
2-1	አ	0ረቄ	0
2-2	ኡ	ልዑል	ዑ
2-3	ኢ	ዒሳ	ዒ
2-4	ኣ	ዓሣ	ዓ
2-5	ኤ	ዔሣው	ዔ
2-6	እ	ዕርገት/ሥዕል	ዕ
2-7	ኦ	ጣኦት	ዖ

ፊደሎቹ በተወራራሽነት አብረው የሚሰሩ ናቸው::

ክፍል ፪ (kefl hulet) Part Two

2.1.9

የተመሳሳይ ፊደላት አጠቃቀም/ The use of similar sounding Alphabets

1.ጸ   የተለመደ አጻጻፍ / *common writing*

ተራ/row	1		2
1-1	ጸ	ጸሰየ	ፀ
1-2	ጹ	ጹሁፍ	ፁ
1-3	ጺ	ጺ	ፂ
1-4	ጸ	ጸፊ	ፃ
1-5	ጼ	ጼ	ፄ
1-6	ጽ	ጽላት	ፅ
1-7	ጸ	ጸሞ	ፆ

2. ፀ   የተለመደ አጻጻፍ / *common writing*

ተራ/row	1		2
2-1	ፀ	ፀሐይ	ጸ
2-2	ፁ	ፁም	ጹ
2-3	ፂ	ፂም	ጺ
2-4	ፃ	ፃር	ጸ
2-5	ፄ	አፄ	ጼ
2-6	ፅ	ፅዋ	ጽ
2-7	ፆ	ፆታ	ጸ

ክፍል ፪ (kefl hulet) Part Two

2.1.10

በተመሳሳይ ድምጽ ፊደላት ቃል አግኝ/ኚ፨

Create a word for these similar Fidels. Main purpose is to exercise your handwriting and further your understanding of how the Fidel works. You can use any word with the sounds of these given Fidels.

1-ሀ _____________________

2-ሁ _____________________

3-ሂ _____________________

4-ሃ _____________________

5-ሄ _____________________

6-ህ ___________________

7-ሆ_____________________

ክፍል ፪ (kefl hulet) Part Two

2.1.11

በተመሳሳይ ድምጽ ፊደላት ቃል አግኝ/ኺ።
Create a word for these similar sound Fidels.

1-ሐ_________________

2-ሑ_________________

3-ሒ_________________

4-ሓ_________________

5-ሔ_________________

6-ሕ_________________

7-ሐ_________________

ክፍል ፪ (kefl hulet) Part Two

2.1.12

በተመሳሳይ ድምጽ ፊደላት ቃል አግኝ/ኚ፡፡
Create a word for these similar sound fidels.

1-ኀ_____________________

2-ኁ_____________________

3-ኂ_____________________

4-ኃ_____________________

5-ኄ_____________________

6-ኅ_____________________

7-ኆ_____________________

ክፍል ፪ (kefl hulet) Part Two

2.1.13

በተመሳሳይ ድምፅ ፈደላት ቃል አግኝ/ኚ።
Create a word for these similar sound Fidels.

1-ሰ____________________

2-ሱ____________________

3-ሲ____________________

4-ሳ____________________

5-ሴ____________________

6-ስ____________________

7-ሶ____________________

ክፍል ፪ (kefl hulet) Part Two

2.1.14

በተመሳሳይ ድምጽ ፊደላት ቃል አግኝ/ኚ፡፡
Create a word for these similar sound Fidels.

1-ሠ_________________

2-ሡ_________________

3-ሢ_________________

4-ሣ_________________

5-ሤ_________________

6-ሦ_________________

7-ሧ_________________

ክፍል ፪ (kefl hulet) Part Two

2.1.15

በተመሳሳይ ድምጽ ፈደላት ቃል አግኝ/ኚ፦

Create a word for these similar sound Fidels.

1-አ_______________

2-ኡ_______________

3-ኢ_______________

4-ኣ _______________

5-ኤ_______________

6-እ_______________

7-ኦ_______________

ክፍል ፪ (kefl hulet) Part Two

2.1.16

በተመሳሳይ ድምጽ ፊደላት ቃል አግኝ/ኚ፡፡

Create a word for these similar sound fidels.

1- ዐ_________________

2- ዑ_________________

3- ዒ_________________

4- ዓ_________________

5- ዔ_________________

6- ዕ_________________

7- ዖ_________________

ክፍል ፪ (kefl hulet) Part two

2.1.17

በተመሳሳይ ድምፅ ፊደላት ቃል አግኝ/ኚ።
Create a word for these similar sound Fidels.

1-ጸ_____________________

2-ጹ_____________________

3-ጺ_____________________

4-ጻ_____________________

5-ጼ_____________________

6-ጽ_____________________

7-ጾ_____________________

ክፍል ፪ (kefl hulet) Part Two

2.1.18

በተመሳሳይ ድምጽ ፊደላት ቃል አግኝ/ኚ።
Create a word for these similar sound Fidels.

1-ፀ_________________________

2-ፁ___________________

3-ፂ_______________________

4-ፃ_______________________

5-ፄ_______________________

6-ፆ______________________

7-ፆ______________________

ክፍል ፪ (kefl hulet) Part Two

2.2.0

ቃላት መፍጠር / qalat mefeter
Creating words

ምሳሌ ፩
Mesaley 1

ቁጥር	1	2	3	4	5	6	7
1	ሀ	ሁ	ሂ	ሃ	ሄ	ህ	ሆ
	ha	hu	hi	ha	hey	h	ho
	ሀገር	ሁሉ	ሂድ	ሃሌ	ሄዋን	ህልም	ሆዳም
	hager	hulu	hid	haly	hewan	hlem	hodam
	country	all	go	halyluya	eve	dream	greedy

2.2.1

ከላይ በተሰጠው ምሳሌ መሰረት ለፊደሉ አዲስ ቃል መፍጠር

Using the following Alphabets, create a new word.

1. ሀ__________ 2. ሁ__________ 3. ሂ __________

4. ሃ__________ 5. ሄ__________ 6. ህ __________

7. ሆ__________

ክፍል ፪ (kefl hulet) Part Two

2.2.2

ም ሳሌ 2/ Mesale-**ex.2 creating words**

ቁጥር	1	2	3	4	5	6	7
1	ለ	ሉ	ሊ	ላ	ሌ	ል	ሎ
	le	lu	lil	la	ley	l	lo
	ለም	ሉል	ሊጥ	ላጠ	ሌላ	ልምምድ	ሎጋ
	lem	lul	liteh	lateh	lela	lememd	loga
	fertile	globe	dough	peal	other	training	graceful

ከላይ በተሰጠው መሰረት ለፊደሉ አዲስ ቃል መፍጠር

Using the following Alphabets, create new words.

1. ለ _______________________________________

2. ሉ_______________________________________

3. ሊ _______________________________________

4. ላ _______________________________________

5. ሌ_______________________________________

6. ል _______________________________________

7. ሎ _______________________________________

ክፍል ፪ (kefl hulet) Part Two

1.4.3

ምሳሌ 3/mesale-ex.3 creating words

ቁጥር	1	2	3	4	5	6	7
1	ሐ	ሑ	ሒ	ሓ	ሔ	ሕ	ሖ
	ha	hu	hi	haa	hey	h	ho
	ሐረግ	ሑለት	ሒደት	ሓመልማል	ሔደ	ሕግ	ሖሖታ
	hareg	hulet	hidet	hamelemal	hed	heg	hohota
	ivy	two	moment	silky	went	law	chant

ከላይ በተሰጠው ምሳሌ መሰረት ለፊደሉ አዲስ ቃል መፍጠር
Using the following Alphabets, create new words.

1. ሐ_______________________________

2. ሑ_______________________________

3. ሒ_______________________________

4. ሓ_______________________________

5. ሔ_______________________________

6. ሕ_______________________________

7. ሖ_______________________________

2.2.4

አዲስ ቃል መፍጠር / *Create new words*

1. መ_________________________________

2. ሙ_________________________________

3. ሚ ________________________________

4. ማ_________________________________

5. ሜ ________________________________

6. ም_________________________________

7. ሞ ________________________________

ከፍል ፪ (kefl hulet) Part Two

2.2.5

ለአዲሱ ፊደል ቃል መፍጠር
Lefidelu adis qal mefeter

Create new words

1. ሠ___________________________

2. ሡ___________________________

3. ሢ___________________________

4. ሣ___________________________

5. ሤ___________________________

6. ሥ___________________________

7. ሦ___________________________

ክፍል ፪ (kefl hulet) Part Two

2.2.6

አዲስ ቃል መፍጠር
Adis qal mefeter

Create new words

1. ረ___________________________

2. ሩ___________________________

3 ሪ___________________________

4. ራ___________________________

5 ሬ___________________________

6. ር___________________________

7. ሮ___________________________

ክፍል ፪(kefl hulet)Part Two

2.2.7

ለፊደሉ አዲስ ቃል መፍጠር

Lefidelu adis qal mefeter

Create new words.

1. ሰ________________________________

2. ሱ________________________________

3 ሲ________________________________

4. ሳ________________________________

5. ሴ________________________________

6. ስ________________________________

7. ሶ________________________________

2.2.8

ኣዲስ ቃል መፍጠር

Adis qal mefeter

Create new words

1. ሽ_______________________________

2. ሹ_______________________________

3 ሺ_______________________________

4. ሻ_______________________________

5. ሼ_______________________________

6. ሽ _______________________________

7. ሾ_______________________________

ክፍል ፪ (kefl hulet)Part Two

አዲስ ቃል መፍጠር
Adis qal mefeter

Create new word

1. ቀ_______________________________

2. ቁ_______________________________

3. ቂ_______________________________

4. ቃ_______________________________

5. ቄ_______________________________

6. ቅ_______________________________

7. ቆ_______________________________

ክፍል ፪ (kefl hule) Part Two

2.2.10

አዲስ ቃል መፍጠር
Adis qal mefeter

Create new word

1. በ____

2. ቡ____

3. ቢ____

4. ባ____

5. ቤ____

6. ብ____

7. ቦ____

ክፍል ፪ (kefl hulet) Part Two

2.2.11

አዲስ ቃል መፍጠር
Adis qal mefeter

Create new words

1. ተ_______________________________

2. ቱ_______________________________

3   ቲ_______________________________

4. ታ_______________________________

5. ቴ_______________________________

6. ት_______________________________

7. ቶ_______________________________

ክፍል ፪ (kefl hulet) Part Two

2.2.12

አዲስ ቃል መፍጠር
Adis qal mefeter

Create new words

1. ቸ_______________________

2. ቼ_______________________

3 ች_______________________

4. ቻ_______________________

5. ቾ _______________________

6. ቸ_______________________

7. ቸ_______________________

ክፍል ፪ (kefl hulet)Part Two

2.2.13

አዲስ ቃል መፍጠር

Adis qal mefeter

Create new word

1. ጎ________________________________

2. ጐ________________________________

3. ጒ________________________________

4. ጓ________________________________

5. ጔ________________________________

6. ጎ________________________________

7. ጕ________________________________

ክፍል ፪ (kefl hulet) Part Two

2.2.14

አዲስ ቃል
Adis qal mefeter

Create new word

1. ነ_______________________________

2. ኑ_______________________________

3 ኒ_______________________________

4. ና_______________________________

5. ኔ_______________________________

6. ን_______________________________

7. ኖ_______________________________

ክፍል ፪ (kefl hulet) Part Two

2.2.15

አዲስ ቃል መፍጠር
Adis qal mefeter

Create new word

1. ኛ_______________________________

2. ኙ_______________________________

3 ኚ_______________________________

4 . ኛ_______________________________

5 . ኜ_______________________________

6. ኝ_______________________________

7. ኞ_______________________________

2.2.16

አዲስ ቃል መፍጠር
Adis qal mefeter

Create new word

1. አ____

2. ኡ____

3. ኢ____

4. ኣ____

5. ኤ____

6. እ____

7. አ____

ክፍል ፪ (kefl hulet) Part Two

2.2.17

አዲስ ቃል መፍየር
Adis qal mefeter

Create new word

1. ከ__________________________

2. ኩ__________________________

3. ኪ__________________________

4. ካ__________________________

5. ኬ__________________________

6. ክ__________________________

7. ኮ__________________________

ክፍል ፪ (kefl hulet) Part Two

2.2.18

አዲስ ቃል መፍጠር
Adis qal mefeter

Create new words

1. ሽ______________________________

2. ሹ______________________________

3 ሺ______________________________

4. ሻ______________________________

5. ሼ______________________________

6. ሽ______________________________

7. ሾ______________________________

ክፍል ፪ (kefl hulet) Part Two

አዲስ ቃል መፍጠር
Adis qal mefeter

Create new words

1. ወ__________________________________

2. ዉ__________________________________

3. ዊ__________________________________

4. ዋ__________________________________

5. ዌ__________________________________

6. ው__________________________________

7. ዎ__________________________________

ክፍል ፪ (kefl hulet) Part Two

2.2.20

አዲስ ቃል መፍጠር
Adis qal mefeter

Create new words

1. በ_______________________

2. ቡ_______________________

3 ቢ_______________________

4. ባ_______________________

5. ቤ_______________________

6. ብ_______________________

7. ቦ_______________________

ክፍል ፪ (kefl hulet) Part Two

2.2.21

አዲስ ቃል መፍጠር

Create new words

1. ዘ______________________

2. ዙ______________________

3. ዚ______________________

4. ዛ______________________

5. ዜ______________________

6. ዝ______________________

7. ዞ______________________

ክፍል ፪ (kefl hulet) Part Two

አዲስ ቃል መፍጠር
Adis qal mefeter

Create new words

1. ኸ_____________________________

2. ኹ_____________________________

3. ኺ_____________________________

4. ኻ_____________________________

5. ኼ_____________________________

6. ኽ_____________________________

7. ኾ_____________________________

ክፍል ፪ (kefl hulet) Part Two

2.2.23

አዲስ ቃል መፍጠር
Adis qal mefeter

Create new words

1. የ__________________

2. ዩ__________________

3 ዪ__________________

4. ያ__________________

5. ዬ__________________

6. ይ__________________

7. ዮ__________________

ክፍል ፪ (kefl hulet) Part Two

2.2.24

አዲስ ቃል መፍጠር
Adis qal mefeter

Create new words

1. ይ_______________________

2. ዩ_______________________

3. ዪ_______________________

4. ያ_______________________

5. ዮ_______________________

6. ይ_______________________

7. ዶ_______________________

ክፍል ፪ (kefl hulet) Part Two

2.2.25

አዲስ ቃል መፍጠር
Lefidelu adis qal mefeter

Create new words

1. ጀ_______________________

2. ጁ_______________________

3 ጂ_______________________

4. ጃ_______________________

5. ጄ_______________________

6. ጆ_______________________

7 . ጀ_______________________

ክፍል ፪ (kefl hulet) Part Two

2.2.26

አዲስ ቃል መፍጠር
Adis qal mefeter

Create new words

1. ገ_________________________

2. ጉ_________________________

3 ጊ_________________________

4. ጋ_________________________

5. ጌ_________________________

6. ግ_________________________

7. ጎ_________________________

ክፍል ፪ (kefl hulet) Part Two

2.2.27

አዲስ ቃል መፍጠር
Adis qal mefeter

Create new words

1. ጠ_______________________

2 ጡ_______________________

3 ጢ_______________________

4. ጣ_______________________

5. ጤ_______________________

6. ጥ_______________________

7. ጦ_______________________

ከፍል ፪ (kefl hulet) Part Two

2.2.28

አዲስ ቃል መፍጠር
Adis qal mefeter

Create new words

1. ፍሎ_______________________

2. ፍሊ_______________________

3. ፍሊ_______________________

4. ሚ_______________________

5. ፍሊ_______________________

6. ሚ_______________________

7. ፍ_______________________

2.2.29

አዲስ ቃል መፍጠር
Adis qal mefeter

Create new words

1. ጸ_____________________

2. ጹ_____________________

3 ጺ_____________________

4. ጻ_____________________

5. ጼ_____________________

6. ጽ_____________________

7. ጾ_____________________

ክፍል ፪ (kefl hulet) Part Two

2.2.30

አዲስ ቃል መፍጠር
Adis qal mefeter

Create new words

1. ጸ__________________________

2. ጹ__________________________

3 ጺ__________________________

4. ጸ__________________________

5. ጾ__________________________

6. ጽ__________________________

7. ጸ__________________________

ክፍል ፪ (kefl hulet) Part Two

2.2.31

አዲስ ቃል መፍጠር
Adis qal mefeter

Create new words

1. ፀ__________________________

2. ፁ__________________________

3. ፂ__________________________

4. ፃ__________________________

5. ፄ__________________________

6. ፅ__________________________

7. ፆ__________________________

ክፍል ፪ (kefl hulet) Part two

2.2.32

አዲስ ቃል መፍጠር
Adis qal mefeter

Create new words

1. ፊ_______________________

2. ፉ_______________________

3 ፊ_______________________

4. ፉ_______________________

5. ፎ_______________________

6. ፍ_______________________

7. ፎ_______________________

ክፍል ፪ (kefl hulet) Part Two

2.2.33

አዲስ ቃል መፍጠር
Adis qal mefeter

Create new word

1. ፐ_______________________

2. ፑ_______________________

3 ፒ_______________________

4. ፓ_______________________

5. ፔ_______________________

6. ፕ_______________________

7. ፖ_______________________

ክፍል ፪ (kefl hulet) Part Two

2.3.0

የፊደሉን ዝርያ መለየት/Ye Fidelun zereya meleyet

Identifying the combined word of alphabets (Fidel)

ምሳሌ/ mesale/Example

ሆቴል የዚህ ቃል ፊደል ዝርያ ሶስት ናቸው

   This word has three Fidel combinations!

1. ሆ   (ho) ho
2. ቴ   (tey) te
3. ል   (l)   l   **ናቸው** (there are)

አሰራሩ   ሆቴል /Hotel

How to use:

ተራ/row	1	2	3	4	5	6	7	
ሆ	ህ	ሁ	ሂ	ሃ	ሄ	ህ	ሆ	ሆ
ቴ	ተ	ቱ	ቲ	ታ	ቴ	ት	ቶ	ቴ
ል	ለ	ሉ	ሊ	ላ	ሌ	ል	ሎ	ል

ፊደሎቹን እንደ አቀማመጣቸው ቀደም ከተሉን በመከተል
አከታትሎ በመጸፍ የቃሉን ዝርያ ማወቅ ያስችላል።

ክፍል ፪ (kefl hulet) Part Two

2.3.1
የቃሉን ፊደል ዝርያ መለየት
Ye qalun Fidel zereya meleyet
Identify the word combination alphabet (Fidel)

1. ሀገር-hager-country

1   2   3   4   5   6   7

1. _____________________

2. _____________________

3. _____________________

2. ሕልም-hlm-Dream

1   2   3   4   5   6   7

1. _____________________

2. _____________________

3. _____________________

ክፍል ፪ (kefl hulet) Part Two

2.3.2

የቃሉን ፊደል ዝርያ መለየት

ye qalun Fidel zereya meleyet

Identify the word combination alphabet (Fidel)

1. ለማኝ-lemagn-Begger

    1   2   3   4   5   6   7

1. ________________________

2. ________________________

3. ________________________

2. ሰላጣ-selatha-Salad

    1   2   3   4   5   6   7

1. ________________________

2. ________________________

3. ________________________

ክፍል ፪ (kefl hulet) Part Two

2.3.3

የቃሉን ፊደል ዝርያ መለየት

yeqalun Fidel zereya meleyet

Identify the word combination alphabet (Fidel)

1. ፈትል-fetel/ hand made cotton or wool thread

   1   2   3   4   5   6   7

1. ____________________

2. ____________________

3. ____________________

2. ሞላላ-molala/out of shape

   1   2   3   4   5   6   7

1. ____________________

2. ____________________

3. ____________________

ክፍል ፪ (kefl hulet) Part Two

2.3.4

የቃሉን ፊደል ዝርያ መለየት

ye qalun Fidel zereya meleyet

Identify the word combination alphabet (Fidel)

1. ልጅ-lj-child

    1   2   3   4   5   6   7

    1._______________________________

    2._______________________________

2. መቶ-meto-hundred

    1   2   3   4   5   6 7

    1. ______________________________

    2. ______________________________

ክፍል ፪ (kefl hulet) Part Two

2.2.5

የቃሉን ፊደል ዝርያ መለየት
ye qalun Fidel zereya meleyet
Identify the word combination alphabet (Fidel)

መኖሪያ-menoria-resident

1   2   3   4   5   6 7

1. _______________________

2. _______________________

3. _______________________

4. _______________________

መኖሪያ ማለት ምን ማለት ነው?

____

____

____

2.3.6

የቃሉን ፊደል ዝርያ መለየት

ye qalun Fidel zereya meleyet

Identify the word combination alphabet (Fidel)

1. ሰንሰለት-senselet-chain

    1   2   3   4   5   6   7

1.___________________________________

2.___________________________________

3.___________________________________

4.___________________________________

5.___________________________________

1. ሠንሠለት ልምን ያገለግላል?senselet lemen yageleglal

What is the use of chain?

____

____

____

ከፍል ፪ (kefl hulet) Part Two

2.2.7

የቃሉን ፊደል ዝርያ መለየት
ye qalun   Fidel   zereya meleyet
Identify the word combination alphabet (Fidel)

1 ሳንቲም-santim-cents

    1   2   3   4   5   6   7

1.______________________________________

2.______________________________________

3.______________________________________

4.______________________________________

   1. ሳንቲም ምንድን ነው? Santim mndn nowe?
       What are cents?

____

____

____

ክፍል ፪ (kefl hulet) Part Two

2.2.8

የቃሉን ፊደል ዝርያ መለየት

ye qalun fidel zereya meleyet

Identify the word combination alphabet (Fidel)

1. ሽማግሌ-shimageley-older man

   1   2   3   4   5   6   7

1.____

2.____

3.____

4.____

1.ሽማግሌ የሚባለው ለምንድን ነው?

  shimageley yemibalew lemndn nowe? Why is one called an "oldie"?

____

____

____

____

ክፍል ፪ (kefl hulet) Part Two

2.3.9

የቃሉን ፊደል ዝርያ መለየት
ye qalun fidel zereya meleyet
Identify the word combination alphabet (Fidel)

1. ቢራቢሮ-Birabiro-butterfly

    1   2   3   4   5   6   7

1.__________________________________

2.__________________________________

3.__________________________________

4.__________________________________

1. ቢራቢሮ ምንድን ነው? Birabiro mendenow?
What is a butterfly?

____

____

____

____

ክፍል ፪ (kefl hulet) Part Two

2.3.10

የቃሉን ፊደል ዝርያ መለየት

ye qalun Fidel zereya meleyet
Identify the word combination alphabet
(Fidel)

1. ቅርንጫፍ-qernchaf-branch

   1   2   3   4   5   6   7

1.___________________________

2.___________________________

3.___________________________

4.___________________________

5.___________________________

1.   ቅርንጫፍ ምንድን ነው-?qrnchaf mndn nowe?
     What is a Branch?

____

____

____

____

ክፍል ፪ (kefl hulet) Part Two

2.3.11

የቃሉን ፊደል ዘርያ መለየት
ye qalun Fidel zereya meleyet
Identify the word combination alphabet (Fidel)

1. ውስጥ ልብስ-wsth lebes-underwear

    1   2   3   4   5   6   7

1._________________________________

2._________________________________

3._________________________________

4._________________________________

5._________________________________

6._________________________________

1 ውስጥ ልብስ ለምን ይጠቅማል? Wsth lebs lemn yeteqmal?
What is the purpose of underwear?

____

____

____

ክፍል ፪ (kefl hulet) Part Two

2.3.12

የቃሉን ፊደል ዝርያ መለየት

ye qalun fidel zereya meleyet
Identify the word combination alphabet (Fidel)

1. ገመድ-gemed-rope

    1   2   3   4   5   6   7

1._______________________________________

2._______________________________________

3._______________________________________

1. ገመድ ለምን ያገለግላል? Gemed lemn yageleglal?
     What is the use of robe?

____
____
____

ክፍል ፪ (kefl hulet) Part Two

2.3.13

የቃሉ ፊደል ዝርያ መለየት

ye qalun Fidel zereya meleyet

Identify the word combination alphabet (Fidel)

1. ጠርሙስ-thermus-bottle

   1   2   3   4   5   6   7

1._________________________________

2._________________________________

3._________________________________

4._________________________________

5._________________________________

1. ጠርሙስ ከምን ይሰራል?thermus kemen ysersl?
   What are bottles made from?

____

____

____

ክፍል ፪ (kefl hulet) Part Two

2.3.14

የቃሉን ፊደል ዝርያ መለየት
ye qalun Fidel zereya meleyet
Identify the word combination alphabet (Fidel)

1. ጫጩት-chachut-chick

   1   2   3   4   5   6   7

1.______________________________________

2.______________________________________

3.______________________________________

1. ጫጩት ማለት ምን ማለት ነው ?
   chachut mallet mn mallet nowe
   What does a "chick" mean?

____

____

____

____

____

ክፍል ፪ (kefl hulet) Part Two

2.3.15

የቃሉን ፊደል ዝርያ መለየት
ye qalun fidel zereya meleyet
Identify the word combination alphabet (Fidel)

1. መነፅር-menetser-eyeglass

    1   2   3   4   5   6   7

1.____

2.____

3.____

4.____

1.መነጽር ለምን ያገለግላል/menetser lemn yageleglal?
What is the use of eyeglasses?

____

____

____

____

____

ክፍል ፪ (kefl hulet) Part Two

2.3.16

የቃሉን ፊደል ዝርያ መለየት
ye qalun Fidel zereya meleyet
Identify the word combination alphabet (Fidel)

1. መክፈቻ-mekfecha-opener

| | 1 | 2 | 3 | 4 | 5 | 6 | 7 |

1.____________________________________

2.____________________________________

3.____________________________________

4.____________________________________

1.መክፈቻ ምንድን ነው? mekfecha mndn nowe?
What is an opener?

____

____

____

ክፍል ፪ (kefl hulet) Part Two

2.3.17

የቃሉን ፊደል ዝርያ መለየት

ye qalun Fidel zereya meleyet

Identify the word combination alphabet (Fidel)

1. ጳጳስ-papas-Pope

    1   2   3   4   5   6   7

1.__________________________________

2.__________________________________

3.__________________________________

1.ጳጳስ የሚሆነው ማን ነው? papas yemihonow manowe?

   Who is going to be the qualified Pope?

____

____

____

____

ክፍል ፪ (kefl hulet) Part Two

2.3.18

የቃሉን ፊደል ዝርያ መለየት
ye qalun Fidel zereya meleyet
Identify the word combination alphabet (Fidel)

1. ዲያቆን-diyaqon-Deacon

    1   2   3   4   5   6   7

1.________________________________

2.________________________________

3.________________________________

4.________________________________

1. ዲያቆን የሚባለው ምን ስራ ለሚሰራ ሰው ነው?
Diyaqon yemibalew mn lemisera sew nowe?
What kind of person can get Deacon title?

____

____

____

____

ከፍል ፪ (kefl hulet) Part Two

2.3.19

የቃሉን ፊደል ዝርያ መለየት
ye qalun Fidel zereya meleyet
Identify the word combination alphabet (Fidel)

1. ፖሊስ-polic-Police
    1   2   3   4   5   6   7

1.______________________________________

2.______________________________________

3.______________________________________

   1.   ፖሊስ ምን ይሰራል?
       polic mn yseral? Police what does do?

____

____

____

____

ክፍል ፪ (kefl hulet) Part Two

2.3.20

የቃሉን ፊደል ዝርያ መለየት
ye qalun Fidel zereya meleyet
Identify the word combination alphabet (Fidel)

1. ጠበቃ-tebeqa-lawyer

	1	2	3	4	5	6	7

1.____

2.____

3.____

   1.   ጠበቃ ማለት ምን ማለት ነው ?
tebeqa malet mn malet nowe?
What does lawyer mean?

____

____

____

____

ከፍል ፫ kefl soset

Part Three

ከፍል ፫ (kefl soset) Part Three

3.0.0

ዓረፈተ ነገር መስራት/ Aerefte neger mesrat
Make a sentence.

ምሳሌ/ Example one

ሀ			
	የአበበና ሀመልማል ሠርግ ያለፈው ቅዳሜ ነበር		
pro	ye abebe na hamelmal serg yalefew qedame neber		
	Abebe and Hamelemal's wedding was last Saturday.		
ለ	*ሠርግ መሄድ ደስ ይላል*		
pro	Serg mehed des yelal		
	Going to a wedding is fun		

ምሳሌ/Example two

	ቦግ ያለ ቀለም ያምራል			
pro	Bog yal qelem yamral			
	Bright colors are beautiful			
	ደማቅ ቀለም በደንብ ይታያል			
pro	Demaq qelm bednb ytayal			
	Bright colors are easy to see.			

ከፍል ፫ (kefl soset) Part Three

3.1.1

ዓረፍተ ነገር መስራት
bemiqetelut qalat arefte neger mesrat

Make a sentence with the following Amharic words.

1. ምግብ ቤት / megeb bet/ restaurant

2. ሱቅ / suq/shop

3. መንገድ / menged/ road

3.1.2

ዓረፍተ ነገር ምስራት /Arefte neger mesrat
Make a sentence with the given words on the following line.

1. ምግብ ቤት_______________________________

2. ሱቅ_______________________________

3. መንገድ_______________________________

ክፍል ፫ (kefl soset) Part Three

3.1.3

በሚቀጥሉት ቃላት አረፍተ ነገር መስራት

Bemiqetelut qalat arefte neger mesrat

Make a sentence with the following Amharic words

1. ትምህርት ቤት / temhert-bet/school
2. ሲኒማ ቤት /cinima-bet/movie theater
3. ፍርድ ቤት /ferd-bet/court
4. ወህኒ ቤት /wehni-bet/jail
5. ማዕድ ቤት/ maede-bet/kitchen

3.1.4 ዓረፍተ ነገር መስራት/

Make a sentence with the given words on the following line.

1. ትምህርት ቤት_____________________

2. ሲኒማ ቤት_____________________

3. ፍርድ ቤት _____________________

4. ወህኒ ቤት _____________________

5. ማዕድ ቤት_____________________

ክፍል ፫ (kefl soset) Part Three

3.1.5

ዓረፍት ነገር መስራት
qalat arefte neger mesrat,

Make a sentence for the following Amharic words.
1. ባቡር/babure/train
2. ታክሲ/taxi/taxi
3. አውቶቡስ /autobuse/bus
4. ቤት /bet/house
5. መኪና/mekina/car

3.1.6
ዓረፍት ነገር መስራት
Make a sentence with the given words on the following line.

1. ባቡር_____________________________

2. ታክሲ ____________________________

3. አውቶቡስ___________________________

4. መኪና____________________________

5. ቤት______________________________

ክፍል ፫ (kefl sost) Part Three

3.1.7

ዓረፍተ ነገር መስራት /arefte neger mesrat.

Make a sentence with the following Amharic words.

1. ባቡር/babur/train
2. ብስክሌት/besekelet/bicycle
3. መንገድ/menged/road
4. ሱቅ /suq/store
5. መኪና/mekina/car

3.1.8

ዓረፍተ ነገር መስራት
Make a sentence with the given words.

1. ባቡር______________________________

2. ታክሲ______________________________

3. መንገድ______________________________

4. ሱቅ______________________________

5. መኪና______________________________

ክፍል ፫ (kefl hulet) Part Three

3.1.9

ዓረፍተ ነገር መስራት/arefte neger mesrat

Make a sentence with the following Amharic words.

1. **ወንበር**/wenber/chair

2. **ጠረጴዛ**/terebeza/table

3. **ምንጣፍ**/menetaf/carpet

4. **መብራት**/mebrat/light

5. **ሰዓት**/seat/clock

3.1.10

ዓረፍተ ነገር መስራት

Make a sentence with the given words.

1. ወንበር______________________________

2   ጠርቤዛ______________________________

3. ምንጣፍ ______________________________

4. መብራት______________________________

5. ሰዓት______________________________

ክፍል ፫ (kefl soset) Part Three

3.1.11

ዓረፍተ ነገር መስራት

arefte neger mesrat

Make a sentence with the following Amharic words.

1. አልጋ/alga/bed
2. ምድጃ/ medeja/stove
3. ማቀዝቀዣ/maqezeqeja/refrigerator
4. ስልክ /selk/telphone
5. ብርድ ልብስ /beredlebes/blanket

3.1.12

ዓረፍተ ነገር መስራት

Make a sentence with the given words.

1. አልጋ_________________________________

2. ምድጃ_________________________________

3. ማቀዝቀዣ_________________________________

4. ስልክ_________________________________

5. ብርድ ልብስ_________________________________

ክፍል ፫ (kefl soset) Part Three

3.1.13

ዓረፍተ ነገር መስራት/arefte neger mesrat
Make a sentence with the following Amharic words.

1. መስኮት/meskot/window
2. ቁም ሳጥን/qumsaten/cupboard or closet
3. በር /ber/exit or entrance
4. ፎቶግራፍ /photograf/ photo
5. መዝጊያ/ mezegiya/door

3.1.14

ዓረፍተ ነገር መስራት
Make a sentence with the given words.

1. መስኮት________________________________

2. ቁም ሳጥን________________________________

3. በር ________________________________

4. ፎቶግራፍ________________________________

5. መዝጊያ________________________________

ከፍል ፫ (kefl soset) Part Three

3.1.15

ዓረፍተ ነገር መስራት/arefte neger mesrat,

Make a sentence with the following Amharic words.

1. ብስክሌት / besklet/ bicycle
2. አውሮፕላን/auworplan/airplane
3. መውጫ /mewcha/ exit
4. መግቢያ /megbiya/enterance
5. ደረጃ /derja /it has two meanings: stair or rank

2.1.16

ዓረፍተ ነገር መስራት

Make a sentence with the given words.

1. ብስክልት ____________________

2. አውሮፕላን____________________

3. መውጫ____________________

4. መግቢያ ____________________

5. ደረጃ ____________________

ከፍል ፫ (kefl soset) Part Three

3.1.17

ዓረፍተ ነገር መስራት/arefte neger mesrat,

Make a sentence with the following Amharic words.

1. ቴሌቪዥን/television/television
2. ኮምፑተር/competer/computer
3. ፖስታ /posta /envelope
4. ቴምበር /tember/stamp
5. ደብተር/debter/exercise book

3.1.18

ዓረፍተ ነገር መስራት
Make a sentence with the given words.

.

1. ቴሌቪዥን_______________________

2. ደብተር_______________________

3. ኮምፒውተር_______________________

4. ፖስታ_______________________

5. ቴምበር_______________________

ከፍል ፫ (kefl soset) Part Three

3.1.19

ዓረፍተ ነገር መስራት/arefte neger mesrat

Make a sentence with the following Amharic words.

1. ድመት/ demet/cat
2. ውሻ / wesha/ dog
3. ዕርግብ/ergeb /pigeon
4. አይጥ /ayet/rat
5. ዶሮ/doro-chicken

3.1.20

ዓረፍተ ነገር መስራት
Make a sentence with the given words.

1. ድመት_______________________________

2. ውሻ _______________________________

3. እርግብ_______________________________

4. አይጥ _______________________________

5. ዶሮ _______________________________

ከፍል ፫ (kefl soset) Part Three

3.1.21

ዓተፍተ ነገር መስራት/arefte neger mesrat,

Make a sentence with the following Amharic words.

1. የሜዳ አህያ/ yemeda ahya/ zebra
2. ቀጭኔ /qechiney/girafe
3. ዝሆን /zehon/elephant
4. አንበሳ /anbesa/lion
5. ደኩላ /dekula/deer

3.1.22

ዓረፍተ ነገር መስራት

Make a sentence with the given words.

1. የሜዳ አህያ____________________________

2. ቀጭኔ ____________________________

3. ዝሆን____________________________

4. አንበሳ____________________________

5. ድኩላ ____________________________

ከፍል ፫ (kefl soset) Part Three

3.1.23

ዓረፍተ ነገር መስራት/arefte neger mesrat

Make a sentence with the following Amharic words.

1. ነብር/neber/ tiger
2. አዞ /azo/ crocodile
3. እባብ /ebabe/ snake
4. ዝንጀሮ/zenjero/ monkey
5. ጦጣ /tota/ ape

3.1.24

ዓረፍተ ነገር መስራት
Make a sentence with the given words.

1. ነብር_________________________________

2. አዞ_________________________________

3. እባብ_________________________________

4. ዝንጀሮ_________________________________

5. ጦጣ_________________________________

ክፍል ፫ (kefl soset) Part Three

3.1.25

ዓረፍተ ነገር መስራት/arefte neger mesrat

Make a sentence with the following Amharic words.

1. ሜዳ/meda /field
2. ጫካ / chaka/ forest
3. ተራራ /terara/mountain
4. ኮረብታ /korebeta/hill
5. ድልድይ/deldey /bridge

2.1.26

ዓረፍተ ነገር መስራት
Make a sentence with the given words.

1. ሚዳ _______________________________

2 ጫካ _______________________________

3. ተራራ _______________________________

4. ኮረብታ _______________________________

5. ድልድይ _______________________________

ክፍል ፫ (kefl soset) Part Three

3.1.27

ዓረፍተ ነገር መስራት/arefte neger mesrat

Make a sentence with the following Amharic words.

1.   ውሃ/weha/ water
2.   ብርጭቆ / berchiqo/ glass
3.   ሲኒ /sini/ cup
4.   ማንኪያ /mankiya/ spoon
5.   ሳህን/sahen/ plate

3.1.28

ዓረፈተ ነገር መስራት
Make a sentence with the given words.

1.   ውሃ_______________________________
2   ብርጭቆ_______________________________
3.   ሲኒ_______________________________
4.   ማንኪያ_______________________________
5.   ሳህን _______________________________

ክፍል ፫ (kefl soset) Part Three

3.1.29

ዓረፍተ ነገር መስራት/arefte neger mesrat

Make a sentence with the following Amharic words.

1. መርከብ/merkeb/ship
2. ባህር/ baher/sea
3. ጉድጓድ /gudguwad/hole
4. ገደል/ gedel/ gorge
5. ውቅያኖስ/weqeyanos/ocean

3.1.30

ዓረፍተ ነገር መስራት
Make a sentence with the given words.

1. መርከብ_______________________

2. ባህር_______________________

3. ጉድጓድ_______________________

4. ገደል _______________________

5. ውቅያኖስ_______________________

ክፍል ፫ (kefl soset) Part Three

3.1.31

ዓረፍተ ነገር መስራት/arefte neger mesrat

Make a sentence with the following Amharic words.

1. ፀሐይ/tsehaye/sun
2. ጨለማ/chelema/darkness or night
3. አበባ/abeba/flower
4. ደመና/demena/cloud
5. ሰማይ/semaye/sky

3.1.32
ዓረፍተ ነገር መስራት
Make a sentence with the given words.

1. ፀሐይ ___________________________

2 ጨለማ ___________________________

3. አበባ ___________________________

4. ደመና___________________________

5. ሰማይ ___________________________

ክፍል ፫ (kefl soset) Part Three

3.1.33
ዓረፍተ ነገር መስራት/arefte neger mesrat

Make a sentence with the following Amharic words.

1. ሹራብ/shurab/sweater
2. ኮት /coat /coat
3. አንሶላ/ansola/bedsheet
4. ትራስ /teras/pillow
5. ፍራሽ /ferash /mattress

3.1.34
ዓረፍተ ነገር መስራት
Make a sentence with the given words.

1. ሹራብ _______________________________

2 ኮት_______________________________

3. አንሶላ _______________________________

4. ትራስ _______________________________

5. ፍራሽ_______________________________

ክፍል ፫ (kefl soset) Part Three

3.1.35
ዓረፍተ ነገር መስራት/arefte neger mesrat

Make a sentence with the following Amharic words.

1. ክረባት/kerebat/tie
2. ቀሚስ /qemis/dress
3. ቀበቶ/ qebeto/belt
4. የቤት ጫማ/yebet chama/sandals
5. ጉትቻ/gutecha /earring

3.1.36
ዓረፍተ ነገር መስራት
Make a sentence with the given words.

1.   ክረባት_________________________________

2   ቀሚስ_________________________________

3.   ቀበቶ_________________________________

4.   የቤት ጫማ_________________________________

5.   ጉትቻ _________________________________

ከፍል ፫ (kefl soset) Part Three

3.1.37

ዓረፍተ ነገር መስራት/arefte neger mesrat

Make a sentence with the following Amharic words.

1. ባርኔጣ/barneta/hat
2. ካልሲ/kalsi/socks
3. ጉርድ/gurd/skirt
4. ሙታንታ/mutanta/underwear
5. ጡት መያዣ/tute mayaja/bra

3.1.38

ዓረፍተ ነገር መስራት
Make a sentence with the given words.

1. ባርኔጣ ______________________________

2 ካልሲ______________________________

3. ጉርድ ______________________________

4. ሙታንታ ______________________________

5. ጡት መያዣ______________________________

ክፍል ፫ (kefl soset) Part Three

3.1.39

ዓረፍተ ነገር መስራት/arefte neger mesrat

Make a sentence with the following Amharic words.

1.   ዳቦ/dabo/bread
2.   ድስት/deset/pot
3.   ጀበና/jebena/cattle
4.   ምጣድ/metad/Ethiopian baking pan
5.   መደርደሪያ/mederederiya/shelf

3.1.40

ዓረፍተ ነገር መስራት
Make a sentence with the given words.

1.   ዳቦ_______________________________

2   ድስት_______________________________

3.   ጀበና_______________________________

4.   ምጣድ _______________________________

5.   መደርደሪያ_______________________________

ከፍል ፫ (kefl soset) Part Three

3.1.41
አረፍተ ነገር መስራት/arefte neger mesrat

Make a sentence with the following Amharic words.

1.   ጎመን/gomen/collard green
2.   ሰላጣ/selata/salad
3.   ሚጥሚጣ/mitmita/hot chilli powder
4.   ገንፎ/gonfo/porridge
5.   ቅንጬ/qenche/millet grain

3.1.42

ዓረፍተ ነገር መስራት
Make a sentence with the given words.

1. ጎመን______________________________

2. ሰላጣ ______________________________

3. ሚጥሚታ ______________________________

4. ገንፎ ______________________________

5. ቅንጬ ______________________________

ክፍል ፫ (kefl soset) Part Three

3.1.43

ዓረፍተ ነገር መስራት/arefte neger mesrat

Make a sentence with the following Amharic words.

1. ከባድ/kebad/heavy
2. ቀላል/qelale/light
3. ጉትቻ/gutecha/earring
4. ቀለበት/qelebet/ring
5. ፈጣን/fetan/faster

3.1.44

ዓረፍተ ነገር መስራት
Make a sentence with the given words.

1. ከባድ_______________________________

2 ቀላል _______________________________

3 ጉትቻ_______________________________

4. ቀለበት _______________________________

5. ፈጣን _______________________________

ከፍል ፫ (kefl soset) Part Three

3.1.45

በሚቀጥሉት ቃላት ዓረፍተ ነገር መስራት
Bemiqetelut qalat arefte neger mesrat

Make a sentence with the following Amharic words.

1. ከንድ/Kend-arm
2. እግር/eger-foot
3. እጅ/eje-hand
4. ፀጉር/tsegur-hair
5. ዓይን/ayen-eye

3.1.46
ዓረፍተ ነገር መስራት
Make a sentence with the given words.

1. ከንድ__________________________________

2. እግር_________________________________

3. እጅ ____________________________

4. ፀጉር______________________________

5. ዓይን______________________________

ክፍል ፫ (kefl soset) Part Three

3.1.47

ዓረፍተ ነገር መስራት/arefte neger mesrat

Make a sentence with the following Amharic words.

1. ቀይ/qey/red
2. ሰኞ/sengo/Monday
3. ሃሙስ/hamus/Thursday
4. እሁድ/ehud/Sunday
5. ሰማያዊ/semayawi/blue

3.1.48
ዓረፍተ ነገር መስራት
Make a sentence with the given words.

1. ቀይ______________________________

2 ሰኞ______________________________

3 ሃሙስ ______________________________

4. እሁድ______________________________

5. ሰማያዊ ______________________________

ክፍል ፫ (kefl soset) Part Three

3.1.49

ዓረፍተ ነገር መስራት/arefte neger mesrat

Make a sentence with the following Amharic words.

1. ባንዲራ/bandira/flag
2. ሀገር/ hager/country
3. ታህሳስ/ tahesas/December
4. ጳጉሜ/Pagumey/ 13th month
5. መንግስታት/menegesetat/governments

3.1.50
ዓረፍተ ነገር መስራት
Make a sentence with the given words.

1. ባንዲራ_________________________________

2. ሀገር _________________________________

3. ታህሳስ_________________________________

4. ጳጉሜ _________________________________

5. መንግስታት _________________________________

ክፍል ፫ (kefl soset) Part Three

3.2.1
ቤተሰብ /beteseb-the family

በአንድ ቤተሰብ ውስጥ አብሮ የሚኖር ሁሉ ቤተ ሰብ ነው።

Be-ande beteseb we-es-eteh aebero yeminor hulu beteseb new.

Write the names of family members that live with you or anybody.

ዝርዝር አንድ/Table one

ተራ	ቤተሰብ/ Family	መለማመጃ/excersice ግለጽ ማን ማነው ለጄ.ለሱዋ፤ለነሱ
1	አባት abat/father	
2	እናት enat/mother	
3	ልጅ/ lej/child	
4	እህት ehet/sister	
5	ወንድም /wendm/brother	
6	አጎት/agot/uncle	
7	አክስት/akest/ aunt	
8	አያት/ayat/grandparent	
9	ባል/ bal/husband	
10	ሚስት/ mist/wife	

ክፍል ፫ (kefl soset) Part Three

3.2.2

ቤተሰብ /beteseb- the family

በአንድ በተ ሰብ ውስጥ አብሮ የሚኖር ሁሉ በተሰብ ነው፡፡
be-ande beteseb westeh aebero yeminor hulu beteseb now.
Write the names of family members that live with you.

ዝርዝር ሁለት /Table two

ተራ row	በተሰብ/Family	መለማመጃ/excersice ግለጽ ማን ማነው ለኔ .ለሱዋ፤ ለነሱ
11	ቤተሰብ/ beteseb/family	
12	ዘመድ/zemed/cousin	
13	ሴትልጅ/ setlej/ daughter	
14	ወንድልጅ/ wenedlij/son	
15	ሞጋዚት/mogzit /babysitter	
16	ወጥቤት/wetbet/cook	
17	ዘበኛ/zebegna/ guard	
18	አታክልተኛ/atekeletegna/gardener	
19	ሹፈር/ shufer/driver	
20	ተላላኪ/ telalaki/ house boy	

3.2.3

ማን ማነው? manemanew? Who is who?

ተራ/row		ማን ምን ነው ለኔ	ግኑኝነት	በሃላዊ አጠራር	አስተያየት
1	አባት	አቶ ከበደ	ወላጅ	አባባ	አንድኛ
2	እናት	ወ/ሮ ድንቅነሽ	ወላጅ	እማዬ	አንደኛ
3	እህት	ተመኙሽ ከበደ	ቤተሰብ	እህት ዓለም	አንድኛ
4	ወንድም	ሃይላችን ከበደ	" " "	ወድም ጋሼ	አንድኛ
5	የልጅ ልጅ	ሚስጥር	" " "	የእህት ልጅ	ሁለተኛ
6	ምግዚት	ፋንቱ	አሳዳጊ	እትዬ/የቤተስብ አባል	ሶስተኛ

Independent person pronouncs, there is not much different on Gender.
When speapking to a person.

ተራ/row	who	relation	remark
1	Erswo/you- respected	You(p)	older any gender 2nd
2	Esuwa/you	You(f)	She, her 1st
3	Esachew/her/him	You(respect)	Any gender 2nd

The verb to be for the expression of quality or identity (he.she is and go on by "I "nid used with various suffix which donte the person, gender and number. For the ask of understanding or convene,

ተራ/row	who	ማ		ማ		remark
regular	1st com	ኝ		I am	ን	ን
	2 com	ህ	You are	pru		ናችሁ
	3rd F	ሽ	You are			
		ው	He is			
		ች/ንት	She is			

ክፍል ፫ (kefl soset) Part Three

3.2.4
የቤተሰብን ስም በተሰጠው ቦታ ላይ ዝርዝሩን መጻፍ
Ybetsebn sem betesetew bota lay zerzerun mestaf.
Write the names of the family members you live with, in the spaces below.

ሀ/ አያት/ayat/Grandparent

____

ለ/ እናትና አባት/Father and Mother

____

ሐ/ ልጅ /Children

____

መ/ ያገባ / Married

____

ሰ/ አማቾች / In-laws

____

ክፍል ፫ (kefl soset) Part Three

3.2.5

ማን ማነው-?manemanew? **Who is who?**

፪/   የወንድምና እህት ልጅ(ዘመድ) yewndem ena ye-ehet lej (zemed)
Brother and sister children are called (Nephew & Niece)

___

ሸ/   ያጎት ልጅ/ያክስት ልጅ ዘመድ/Uncle and aunt children are Cousins

___

ቀ/   የእንጀራ አባት የሚባለው ማነው/yenjera abat/ Who is Stepfather

___

በ/   የእንጀራ እናት/የሚባለው ማነው/ye-enjera enat/ Who is Stepmother

___

ክፍል ፫ (kefl soset) Part Three

3.2.6
መለማማጃ/Melemameja

ማን ማን ነው፧ Manemanew?
Who is who?

በፈጠራ/Bfetera/With your own creation

____

____

____

____

____

____

ክፍል ፫ (kefl soset) Part Three

3.2.7

ዓርፍተ ንገር በመስራት መልሱን መጻፍ/arefet neger bemesrat
Melsun metsaf/Make a sentence and write the answer.

ምሳሌ/Example

1	**ጥያቄ/Question** አያቶችህ/ሽ እነማን ናቸው Ayatocheh(sh) enmanachew? Who are your grandparents**?**		
2	**መልስ /answer** አቶ ተፈራና ወይዘሮ ጥጋቡዋ ናቸው Ato tefera na weyzero tegabuwa nachew. Ato Tefera and weyzero Tegabuwa are my grandparents.		

ክፍል ፫ (kefl soset)Part Three

3.2.8

ዓረፍተ ነገር መስራ/ arefet neger mesrat

Make a sentence for the given Amharic words in the following spaces.

1. አያት (የሴት/የወንድ _________________________

2. እናት _________________________

3. አባት _________________________

4. አክስት _________________________

5. አጎት _________________________

ክፍል ፫ (kefl soset) Part Three

3.2.9

ዓረፍተ ነገር መስራት/arefet neger emesrat

Make a sentence for the given Amharic words in the following spaces.

1. እህት _______________________________

2. ወንድም _______________________________

3. ሚስት _______________________________

4. ባል_______________________________

5. ዘመድ _______________________________

ክፍል ፫ (kefl soset) Part Three

3.2.10

ዓረፍተ ነገር መስራት/arefet neger emesrat

Make a sentence for the given Amharic words in the following spaces.

1. እህት ___________________________

2. ወንድምና ___________________________

3. ሚስት ___________________________

4. ባል___________________________

5. ዘመድ___________________________

ክፍል ፫ (kefl soset) Part Three

3.2.11

ዓረፍተ ነገር መስራት/arefet neger emesrat

Make a sentence for the given Amharic words in the following spaces.

1. ሞግዚት _______________________

2. አታክልተኛ_______________________

3. ዘበኛ_______________________

4. ወጥ ቤት_______________________

5. ተላላኪ_______________________

ከፍል ፫ (kefl soset) Part Three

3.3.1

ሰላምታ/selamta /greetings

ሰላምታ አስጣጥ/selamta aesetah/Greetings

Note: Ethiopian use greetings according today, evening, morning, or night. Due to that, Ethiopians do not use the AM/PM timing system.

1. በመንገድ ላይ ሁለት ሰው ሲገናኙ ሰላም (ጤና ይስጥልኝ በማለት) ሰላምታ ይለዋወጣል የሁለቱም መልስ ደህና ሲሆን እግዚአብሄር ይመስገን በማለትም መልስ ይለዋወጣሉ:

When two people suddenly meet on the road, they greet each other by saying Salaam or (tenayesetelegne). After they greet, they both people answer by saying, **"dehna" or "egzabeher yemesegen"**. (You will see this more in the exercises)

2. ጤና ይስጥልኝ

When a person meets any where they exchange greeting by saying **"Tenayestelegne"** which formal greeting meaning **"Good health to you!"**

መልሱ እግዚአብሔር ይመስገን ወይንም ደህና
Melsu egziabher yemsegen dehna

The answer – Thanks to God I am fine or fine.

ክፍል ፫ (kefl soset) Part Three

3.3.2

ሰላምታ/**selamta / greeting**

1.

2.

3.

4.

5.

ክፍል ፫ (kefl soset) Part Three

3.3.3

እንደ ጊዜው ሁኔታ ሰላምታ አስጣጥ

Endegizew huneta selameta asetah-teh

Greetings according to the time and a daylight.

	ሰላምታ	መልስ/meles/Respond	አስተያየት/Remark
1	እንደምን ዋሉ endmen walu How are you today**?**	እግዚአብሔር ይመስገን ደህና **Egziabeher yemesegen dehena** Thanks to God I am fine.	This greeting is with respected or to elder person of any gender
2	እንደምን ዋልሽ endmen walsh How are you today? F	ደህና/ Dehena Fine.	(Female)
3	እንደምንዋልክ endmen walek How are you today?	እግዚአብሔር ይመስገን ደህና egziabeher yemesegen dehena. Thanks to God, I am fine.	(Male)

ከፍል ፫(kefl soset)Part Three

3.3.4

እንደጊዜው ሁኔታ ሰላምታ አሰጣጥ

Greetings according to time

	ሰላምታ Greeting	መልስ/meles/ Rsepond	አስተያየት/remark
4	እንደምንዋላችሁ Endmen walachehu How are you today?	እግዚአብሔር ይመስገን ደህና ነን Egziabeher yemesegen dehena nene Thanks to God, we are fine.	(A group)
5	እንደምን አደሩ Endemen aderu Good morning	እግዚአብሔር ይመስገን ደህና Egziabeher yemesegen dehena Thanks to God, I am fine.	(Respected person of any gender)
6	እንደምን አደርክ Endmen aderk good morning (male)	ደህና/Dehena Fine thank you.	(Male)

ክፍል ፫ (kefl soset) Part Three

3.3.5

እንደጊዜው ሁኔታ ሰላምታ አሰጣጥ

Greetings according to time

ተራ row	ሰላምታ/Greeting	መልስ/Meles/ Respond	አስተያየት Remark
7	እንደምን አደርሽ Endmen adersh እግዚአብሄር ይመስገን ደህና ነኝ	Good morning Egziabeher yemesegen dehena negne Thanks to God, I am fine.	(Female)
8	እንድምን አደራችሁ Endemen aderachehna እግዚአብሄር ይመስገን ደህና ነን Egziabeher emesegen dehena nene	Good morning Thanks to God, we are fine.	(Group)
9	እንደምን አመሹ Endemen amshu ደህና አመስግናለሁ Dehena amesegenalehu	Good evening Fine, thank you.	(Respected any gender)

ክፍል ፫ (kefl soset) Part Three

3.3.6

እንደ ጊዜው ሁኔታ ሰላምታ አሰጣጥ
Greetings according to time

ተራ/row	ሰላምታ/Greeting	መልስ/Meles/Rsepond	አስተያየት remark
10	እንደምን አመሸህ/ደህና Endemen amesheh Dehena	Good evening	(Male)
11	እንደምን አመሸሽ Endemen amesheshe እግዚአብሄር ይመስገን ደህና ነኝ Egziabeher yemesegen dehenanegne	Good evening Thanks to God, I am fine.	(Female)
12	እንደምን አምሻችሁ Endemen ameshachehu እግዚአብሄር ይመስገን **ደህና** Egziabeher yemesegen dehena	Good evening Thanks to God, fine.	(Group)

ክፍል ፫ (kefel soset) Part Three

3.3.7

እንደ ጊዜው ሁኔታ ሰላምታ አሰጣጥ
Greetings according to time

ሰዓትና ጊዜ የማይወስነው የአክብሮት ወይንም ጾታን የማያመላክት ሰላምታ አሰጣጥ።

seat na gizey yemaywesnew aekeberot-e weyenem tsotan yemayamelake-et selamta Aesetate.

ሰላም በማለት በአጠቃላይ ሰላምታ መስጠት ይቻላል

Salaam bemalet beateqalay selamta mestet yechalal

You can use this greeting, **"salaam" (peace)** for anyone without addressing time of day, gender, or title.

ጤና ይጥልኝ በማለት በአጠቃላይ ሰላምታ መስጠት ይቻላል

Tenayestelgne bemalet beateqalay selamta mestet yechalal

You can greet by saying, **"Tenayestelgne"** (good health to you) to anybody with out addressing time, gender and title.

ማህበራዊ ግንኙነት/<u>Social affair</u>

ብዙ ዓይነት መህበራዊ ግንኙነት አሰራር በኢትዮጵያ ይግኛሉ:: ከዚያ ውስጥ መታውቅ ካለበት መሃል ዋናዋናዎቹ እነሆ።

There are several kinds of social affairs; the main ones are as follow.

፩. ሰንበቴ/senbety

፪. ዕድር/eder

፫. ማህበር/mahber

፬. እቁብ/equb

፭. ደቦ/debo

፩- ሰንበቴ

በአንድ ዓይነት እምነትና ሃይማኖት ሥር ያሉና አንድ ቤተ ክርስቲያን የሚሄዱ ሰዎች በየሳምንቱ በተራ ምግብ በማዘጋጀት ከጸሎት መልስ አብረው ምግብ የሚመገቡና እንግዶችንም ተቀብለው የሚያስተናግዱ የህብረሰቡ አካል ናቸው።

Senbetey/ religious groups (union)
Volunteer group who serves drinks and food for the Church (who also serve the poor)!

መህበርዊ ግንኙነት/ <u>Social Affair</u>

፪ ዕድር

ጎረቤት፤ ጓደኛ፤ ቤተሰብ በአንድ ላይ በመሆን በየወሩ ገንዘብ በማዋጣትና በማስቀመጥ በሃዘን ጊዜ የሚያስተዛዝን የቀብር ሥርዓት የሚስፈጽም ሃዘን የደረሰበትንም ቤተሰብ በገንዘብ የሚደጉም የህብረተሰቡ አካል ሲሆን ቸግር ሲደርስም አባላት እንዲያውቁ በማድረግ ግንኙነት የሚፈጠር የህብርተሰቡ አካል ነው።

eder/ A united community group for mutual interest in event of burial and departed (funeral).

፫ ማህበር

አንድ ዓይነት አመለካከት ያላቸው ስዎች በሃይማኖት በዘር በሙያ የጋራ ጥቅም ና መብት ለማስጠብቅ የተሰባሰቡ የህብረተሰቡ አካሎች ናቸው።

mahber/ union of a common interest group

እውቀት ማዳበሪያ Building Knowledge

መህበርዊ ግንኙነት/Social affair

፩ እቁብ

የተወሰኑ ሰዎች በህብረት አንድ ላይ በመሆን ገንዘብ በማዋጣት ስብሰበው ተራ በተራ ለያንድዳዱ አባል ገንዘብ በመስጠት ለስራ ቤት ለመግዛት ድርጅት ለመክፈት እንዲረዳ ከወለድ ነጻ የሆነ ገንዘብ ስጦታ የሚዘጋጅ የውዴታ ግዴታ ሕግ ሥር የተሳሰረ ስብስብ ነው:

Equb/ A group of people coming together to contribute money to one person among the group and every month, everybody comes together and put contribute money until every member of the committee gets it their share. Which is interst free FUND.

፪ ደቦ

በግብራና ሙያ ላይ ያሉ ገበሬዎች እርሻቸውን ላይ ለመስራትና ስብል ለማሰባሰብ በጋራ አብረው የሚሠሩ ኀረቤታሞች ናቸው። ይህም የሚረዳቸው በሜዳ ላይ የሚገኘው ስብል (እህል) ዝናብ ወይንም ፀሐይ እንዲያበላሸው ቀልጠፍ ባለ መልክ ስብሉን ለመሰብሰብ የሚያስደርግ ትብብር ነው።

debo/ Farmers that help other farmers with crops and harvesting time.

ማህበራዊ ግንኙነት/ <u>Social Affair</u>

በሚቀጥሉት ማህበራዊ ግንኙነት ቃላት ላይ ዓረፍተ ነገር በመስራት ተግባራቸውን መግለጽ።

bemiqetelut maheberawi genegnunet qalat laye arefte neger bemesrat tegebaratun megletse.

For each topic, there is a type of social affair group. Look and explain the topic in Amharic in the given lines!

ምሳሌ-

እድር አንድ አካባቢ የሚኖሩ ነዋሪታሞች
    የሚያቋቁሙት የመርዳጃ ማህበር ነው።

1-1

ማህበራዊ ግንኙነት/ Social Affair

በሚቀጥሉት ማህብራዊ ግንኙነት ቃላት ላይ ዓረፍተ ነገር በመስራት ተግባራቸውን መግለጽ፡፡

መለማመጃ

ሰንበቴ/ Senbetey

____
____
____
____
____
____
____
____
____

1.2

ማህበራዊ ግንኙነት/ Social affair

በሚቀጥሉት ማህበራዊ ግንኙነት ቃላት ላይ ዓረፍተ ነገር በመስራት ተግባራቸውን መግለጽ።

መለማመጃ

ደቦ/Debo

____

____

____

____

____

____

____

____

1.3

ማህበራዊ ግንኙነት/Social Affair

በሚቀጥሉት ማህብራዊ ግንኙነት ቃላት ላይ ዓረፍተ ነገር በመስራት ተግባራቸውን መግለጽ።

መለማመጃ

እቁብ/Equb

____

____

____

____

____

____

____

____

1.4

<u>ማህበራዊ ግንኙነት/ Social Affair</u>

በሚቀጥሉት ማህብራዊ ግንኙነት ቃላት ላይ ዓረፍተ ነገር በመስራት ተግባራቸውን መግለጽ።

ዕድር/Eder

____

____

____

____

____

____

____

____

____

____

____

____

1.5

<u>ማህበራዊ ግንኙነት/ Social Affair</u>

በሚቀጥሉት ማህበራዊ ግንኙነት ቃላት ላይ ዓረፍተ ነገር በመስራት ተግባራቸውን መግለጽ።

ማህበር/Maheber

____

____

____

____

____

____

____

____

____

____

____

____

2.1

<u>ነገር በምሳሌ/Proverb</u>

<u>**Note:**</u> These proverbs are not directly translated but interpreted for more understanding.

1. ሆድ ሲወቅ ዶሮ ማታ
    Hod ciyawq doro mata

    Live with hope!

2. ድር ቢያብር አንበሳ ያስር
    Der biyaber anbesa yaser

    United, you will be a winner!

3 ዞሮ ዞሮ መዝጊያው ጮራሮ
    Zoro zoro mezgiyaw cheraro

    No matter what, you can not change the orgin.

2.2

<u>ነገር በምሳሌ/ Proverb</u>

4. ተልባ ቢጫጫ በአንድ ሙቀጫ
   Telba binchacha band muqecha

   The louder you are, the more you are not heard.

5. የትም ፍጪው ዱቄቱን አምጪው
   Yetm fichiw duqietun amchiw

   Whatever costs you, wherever you take it, just
   get the result.

6. ብልህ ሴት ለባሉዋ ዘውድ ናት
   Blh set lebaluwa zewd nat

   A wise woman is a crown to her husband.

7. የቆጡን አወርድ ብላ የብብቱዋን ጣለች
   Yeqotun awerd bela yebebetuwan talech

   Appreciate what you have, be careful about looking for more
   because you might lose everything.

2.3

ነገር በምሳሌ/ Proverb

8. አልጠግብ ባይ ሲተፋ ያድራል
    Aetegb bay citefa yaderal

    Don't be greedy. Eating too much will make you throw up.

9. ሆድ ያባውን በቅል ያወጣዋል
    Hod yabawn beqel yawetawal

    Whatever a drunken person is thinking, it won't be a secret for long.

10. አልሽሹም ዞር አሉ
     alesheshum zor alu

     A person may think he/she is not involved in a situation; however, he/she finds themselves in the middle of it.

2.4

<u>ነገር በምሳሌ</u>/ **Proverb**

11. የሚያጠግብ እንጀራ ከምጣዱ ያስታውቃል
    yemiyategb enjera kemtadu yastaweqal

    From the beginning a person knows whether
    he/she will be successful.

12. የታደለች በሰው ሥርግ ተዳረች
    yatadelech besew serg tedarech

    A lucky person gets the 'blessing' before
    someone else.

13. ማር ሲበዛ ይመራል
    Mar sibeza yemeral

    If one eats too much honey, soon he/she will get
    sick. Need to know how to balance.

2.5

ነገር በምሳሌ/ Proverb

14. አመድ በዱቄት ይስቃል
Aemed beduqet yesqal

Do not criticize as you do not have difference.

15. ዝም ባለ አፍ ዝንብ አይገባም
Zem bale afe zembe ayegebam

If a person talks too much, they may get a fly in the mouth. Do not talk too much.

16. ሰርገኛ መጣ በርብሬ ቅንጥሱ
Sergegba meta berbere qebtesu

The wedding is today but the reception is not prepared. Plan; don't procrastinate.

17. የፈሩት ይደርሳል የጠሉት ይወርሳል
yeferut yedersal yetelut ywersal

Whatever you fear will become your worst nightmare.

መቶ ሰባ ሰባት pg 177

2.6

ነገር በምሳሌ/ Proverb

18. አጥብቆ ጠያቂ የናቱን ሞት ይረዳል
Atebqo Teyaqi yenatun mot yeredal

If you ask too many questions, you may hear things you don't like.

19. የቸገረው እርጉዝ ያገባል
yechegerew erguz yagebal

If you are in need, you will marry someone pregnant.

20. ገራም ልጅ እናተዋም አተወዳት
Geram lej enatewam atewedat

Sometimes being good and polite, can hurt.

21. ልጅና ፊት አይበርደውም
Lj na fit ayberdewm

A young person and face never get cold.

2.7

ነገር በምሳሌ/Proverb

22\. አያ ጀቦ ሳታመካኝ ብላኝ
Aya jebo satamekange blange

I know you are ready. You do not have to give me a reason to get me.

23\. ዝም አይነቅዝም
zem Ayneqzem

If you are quiet, you are not bothered.

24\. ያልተገላበጠ አረረ ያልጠረጠረ ተመነጠረ
yaltegelabete arere yaltereter temenetere

If you forget to stir the pot on stove it will burn (meaning if you are not cautious or aware, you might get robbed).

25\. ዝም ባለ አፍ ዝንብ አይገባም!
Zem bale afe znb aygebam.

If your mouth is shut, a fly will not go in.

2.8

የኢትዮጵያ ሀብረተሰብ የማያያውቅ የህብረተሰብ በዓል በአውሮፓ፡ በሰሜን አሜሪካና ካናዳ የአባትና የእናት ቀን በመባል ይከበራል።

ይህ በዓል ጠቃሚ መስሎ ስላገኘሁት እኛም ብናከብረው ጥሩ ነው ብዬ በማመን አጠር ባለ መልክ አቀርበዋለሁ ።

በመጀመሪያ እናት የምንላቸው እናቶች ስንት ናቸው

1. ወላጅ እናት
2. የጡት እናት
3. የክርስትና
4. ሞግዚት
5. ነረቤት ሲሆኑ

አባት የሚባሉት

1. ወላጅ 2. የጡት 3. የክርስትና 4. አሳዳጊ/ሞግዚት

    5. የነፍስ እባት 6. መምህር 7. ማደጎ/ጉዲፈቻ

ወላጅ ቀንን ማክበር ከሁሉ በላይ ነውና ማክበሩ በወልጅና በልጆች መካከል የተፈጥሮ ቃል ኪዳን ማደሻ ነው ብዬ አምናለሁ ። በኢትዮጵያም አባት እናት የምንላቸው ከባህል ከሃይማኖት አንጻር የምንጠራቸው በህብረተሰቡ ውስጥ ብዙ አባት እና እናት ሁነው ልጆችን በሰነ መግባር አንጸው የሚረዱ አሉ እንኚ ሁሉ ከዚህ መልካም አከባበር ጋር በማቀንጀት መስራት አልብን በሚል እዚህ ውስጥ ተካቲዋል።

LEARN AMHARIC

Amharic Ethiopian Script Book Two or (Laqech Two) teahcing book iswhere you can learn to speak Amharic (the official language of Ethiopia). Amharic is also an ancient language that has thrived for centuries both orally and in written form.

Ge'ez Fidel (Ethiopian syllabic script) appears in historical and religious texts dating back to the 5th century BC and is used in the liturgy of the Ethiopian Orthodox Church, the Eritrean Orthodox church upto present. Also used to write several other languages spoken in Ethiopia, Eritrea, Kenya, Somalia, Yemen and Sudan.

Whether you are an Ethiopian living in the disapora hoping to re-connect yourself or your children with your native culture, or a family raising adopted Ethiopian children as your own, or an admirer of the language, culture, music, there is a place for you here in our community of learners.

If you intersted and wanted to get in-person instruction, then you should link up with Amharic expert, and connect a dedicated instructor and a cultural ambassador. throu Lakech_One@Yahoo.com, then you should link up with Ethiopian Social Assistance Committee (ESAC). ESAC has been coordinating Amharic lessons for several years. Check out Amharic Ethiopian Script textbook series on Amazon by Zewditu Fesseha and various major bookstores.

<u>Note</u>

History indicate that human communicated with one language in ancient times. Due to Human disobedience towards God's law, now the world speaks different languages! Ethiopia has over 270 spoken languages. Ethiopia prospered due to their history of great leaders who endorsed speaking one language (Amharic)! Currently we face the modern democracy which may be endangering Amharic (which may take us back to Babolonean times)!

ማሳሰቢያ: የዓለም ቋንቋ ሲጀመር አንድ ነበር ። ሆኖም የሰው ካለገደብ አፈጣጠር መስመሩን ስቶ ህግ ጣሰ። በራሱ ድርጊትና ሂደት እራሱን ሊጠፋ በመነሳቱ ፈጣሪው የሰጠውን መብት ገደብ ፈጠረለት በመሆኗም ከዚያ ጀምሮ የሰው ልጅ በቋንቋ ተለያየ የኔ ብቻ መባል ሆነ። ለምሳሌ የሚወሰደ ያገራችን ሁኔታ መግባባት ካልቻልን እንደልብ ተዘዋውረን ምስራት ካልቻልን የምንፈልገው አንድነት ሊኖር አይችልም ትውልድ ሊያስብበት ይገባል ።

ፊደል

1	2	3	4	5	6	7
ሀ	ሁ	ሂ	ሃ	ሄ	ህ	ሆ
ለ	ሉ	ሊ	ላ	ሌ	ል	ሎ
ሐ	ሑ	ሒ	ሓ	ሔ	ሕ	ሖ
መ	ሙ	ሚ	ማ	ሜ	ም	ሞ
ሠ	ሡ	ሢ	ሣ	ሤ	ሥ	ሦ
ሰ	ሱ	ሲ	ሳ	ሴ	ስ	ሶ
ሸ	ሹ	ሺ	ሻ	ሼ	ሽ	ሾ
በ	ቡ	ቢ	ባ	ቤ	ብ	ቦ
ቀ	ቁ	ቂ	ቃ	ቄ	ቅ	ቆ
ተ	ቱ	ቲ	ታ	ቴ	ት	ቶ
ቸ	ቹ	ቺ	ቻ	ቼ	ች	ቾ
ኀ	ኁ	ኂ	ኃ	ኄ	ኅ	ኆ
ነ	ኑ	ኒ	ና	ኔ	ን	ኖ
ኘ	ኙ	ኚ	ኛ	ኜ	ኝ	ኞ
አ	ኡ	ኢ	ኣ	ኤ	እ	ኦ
ከ	ኩ	ኪ	ካ	ኬ	ክ	ኮ
ወ	ዉ	ዊ	ዋ	ዌ	ው	ዎ
ዐ	ዑ	ዒ	ዓ	ዔ	ዕ	ዖ
ዘ	ዙ	ዚ	ዛ	ዜ	ዝ	ዞ
ዠ	ዡ	ዢ	ዣ	ዤ	ዥ	ዦ
የ	ዩ	ዪ	ያ	ዬ	ይ	ዮ
ገ	ጉ	ጊ	ጋ	ጌ	ግ	ጎ
ጠ	ጡ	ጢ	ጣ	ጤ	ጥ	ጦ
ጨ	ጩ	ጪ	ጫ	ጬ	ጭ	ጮ
ጰ	ጱ	ጲ	ጳ	ጴ	ጵ	ጶ
ጸ	ጹ	ጺ	ጻ	ጼ	ጽ	ጾ
ፀ	ፁ	ፂ	ፃ	ፄ	ፅ	ፆ
ፈ	ፉ	ፊ	ፋ	ፌ	ፍ	ፎ
ፐ	ፑ	ፒ	ፓ	ፔ	ፕ	ፖ

ቁጥር

፩	፪	፫	፬	፫	፮	፯	፰	፱	፲
፳	፴	፵	፶	፷	፸	፹	፺	፻	፼
፳፩	፴፩	፵፩	፶፩	፷፩	፸፩	፹፩	፺፩	፪፻	፫፻
፳፪	፴፪	፵፪	፶፪	፷፪	፸፪	፹፪	፺፪		
፳፫	፴፫	፵፫	፶፫	፷፫	፸፫	፹፫	፺፫		
፳፬	፴፬	፵፬	፶፬	፷፬	፸፬	፹፬	፺፬		
፳፭	፴፭	፵፭	፶፭	፷፭	፸፭	፹፭	፺፭		
፳፮	፴፮	፵፮	፶፮	፷፮	፸፮	፹፮	፺፮		
፳፯	፴፯	፵፯	፶፯	፷፯	፸፯	፹፯	፺፯		
፳፰	፴፰	፵፰	፶፰	፺፰	፸፰	፹፰	፺፰		
፳፱	፴፱	፵፱	፶፱	፷፱	፯፱	፹፱	፺፱